蒙古
MONGOLIA

中国驻蒙古大使馆
（Embassy of the People's Republic of China in Mongolia）

地址：C.P.O.Box672 Zaluuchuudyn Urgun Chuluu 5，Ulaanbaatar，Mongolia

领事保护热线：00976-11-320955

网址：http://mn.china-embassy.org

注：其他领事馆信息详见附录二

蒙古
MONGOLIA

文化中行
"一带一路"国别文化手册

蒙古
MONGOLIA

中国银行股份有限公司　编
社会科学文献出版社

社会科学文献出版社
SOCIAL SCIENCES ACADEMIC PRESS (CHINA)

序

  2013 年，国家主席习近平在出访中亚和东南亚国家期间，先后提出共建"丝绸之路经济带"和"21 世纪海上丝绸之路"的重大倡议，向全世界宣告了亿万中国人民谋求和平发展，与沿线国家和地区共同合作、共建繁荣的美好愿景。"一带一路"战略布局无疑成为当今世界最大的系统性工程，得到国际社会的广泛响应。

  道之大者，为国为民。作为中华民族金融业的旗帜，中国银行早已将"为社会谋福利，为国家求富强"的信念植入血脉。在一百多年的发展进程中，不断顺应历史潮流，持续经营、稳健发展，为民族解放、社会进步、国家繁荣做出重要贡献。站在新的历史机遇期，以"担当社会责任"为己任，以"做最好的银行"为目标的中国银行，依托百年发展铸就的品牌价值和全球服务网络，利用海外资金优势，实现全球资源配置，护航"一带一路"战略，不仅具有得天独厚的优势,更是义不容辞的责任。

　　金融业是经贸往来的"发动机"和"导流渠",是支持"一带一路"建设的中坚力量。中国银行作为国际化、多元化、专业化程度最高的国有股份制商业银行,截至2015年底,已在"一带一路"沿线18个国家设立分支机构,未来,将持续完善全球布局,增加对"一带一路"沿线国家的机构覆盖。可以肯定地讲,中国银行完全有能力承担起国家赋予的责任与使命,为构建"一带一路"金融大动脉做出重要而独特的贡献。

　　"一带一路"建设投资规模大、周期长,涉及众多国家和地区,金融需求跨地区、跨文化差异明显,这对银行业提出了新的挑战。如何跟上国家对外投资的步伐,如何为"走出去"企业铺路搭桥,如何入乡随俗、实现文化融合,成为我行海外发展面临的一系列重要问题。《文化中行——"一带一路"国别文化手册》(以下简称《手册》)正是在这个大背景下应运而生。《手册》从文化角度出发,全面介绍了我行已设和筹设分支机构的"一带一路"沿线国家的政治经济环境、金融发展业态、民俗宗教文化等,为海外机构研究发展策略、规避经营风险、解决文化冲突、融入当地社会提供实用性、前瞻性的指导和依据。对我行实现跨文化管理,服务"走出去"企业,指导海外业务发展,发挥文化影响力,实现集团战略都具有重要的价值。

最好的银行离不开最好的文化。有胸怀、有格局的中行人，以行大道、成大业的气魄，一手拿服务，一手拿文化，奔走在崭新又古老的"丝路"上。我们期待《手册》在承载我行价值理念，共建区域繁荣的道路上占有重要一席，这也正是我们实现文化"走出去"战略的题中应有之义。

2015 年 12 月

目录

CONTENTS

009
第一篇
国情纵览

011
人文地理

015
气候状况

016
文化国情

025
第二篇
政治环境

027
国家体制

029
政治制度

035
行政结构

039
外交关系

049
政治风险评估
和防范

053
第三篇
经济状况

055
能源资源

060
基础设施

065
国民经济

086
产业发展

092
金融体系

第四篇
双边关系

121
双边政治关系

122
双边经济关系

126
双边关系中的热点问题

129
蒙古当地商会和华人社团

131
当地主要中资企业

附　录

135
世界银行·营商环境指数

140
其他领事馆信息

141
跋

143
后　记

蒙古
MONGOLIA

第一篇
国情纵览

蒙古
MONGOLIA

一 人文地理

1 地理概况

蒙古国位于亚洲中部蒙古高原，东、南、西与中国接壤，北邻俄罗斯。边界线长8252.7公里，与中国边界线长4710公里。疆域东西长2392公里，南北宽1259公里，面积为156.65万平方公里，居世界第17位，为世界第二大内陆国。蒙古国是一个多山国家，平原面积相对少，主要分布在东部，多呈戈壁地貌，海拔相当高，平均海拔达1580米，首都乌兰

蒙古国位于中国以北，俄罗斯以南，是一个地处亚洲的内陆国家

巴托海拔约 1350 米。蒙古国的自然生态资源丰富，地大物博。

蒙古国所处时区为东八区，首都乌兰巴托与北京无时差。2015 年起蒙古国实行夏令时，夏季时差为 1 小时。

2　历史沿革

蒙古国原称外蒙古或喀尔喀蒙古。历史上，蒙古族作为马背上的游牧民族，逐水草而居。公元 13 世纪初，成吉思汗统一大漠南北各部落，建立了统一的、横跨欧亚大陆的蒙古帝国。

清朝建立后，蒙古国曾是中国的一部分。1840 年鸦片战争后，沙俄通过与清政府签订的不平等条约，控制了蒙古地区的经济命脉，将其划入自己的势力范围。20 世纪初，清政府推行"新政"，为外蒙古脱离中国提供了机会。第八世哲布尊丹巴及外蒙古王公在沙俄的支持下于 1911 年 12 月宣布"独立"。在俄国的调停下，1915 年 6 月，民国政府与俄国和外蒙古签署了《中俄蒙协议》，承认外蒙古"自治"。1917 年，俄国十月社会主义革命胜利，沙俄政权覆灭，哲布尊丹巴上书民国政府总统，呈请撤销"自治"，废除中、俄、蒙一切条约、协定。1919 年 11 月 22 日和 1920 年 1 月 28 日，民国政府先后发布政令，正式取消外蒙古"自治"。

1921 年，在蒙古人民革命党领导下，外蒙古成立蒙古人民革命政府。同年 11 月，外蒙古与俄罗斯苏维埃联邦社会主义共和国签订了友好协定。当时，新成立的政府是以哲布尊丹巴为汗的君主立宪政府，经历了废除土地私有制、废除商业高利贷、废除僧俗封建主特权、地方政权机构选举等一系列社会和政治改革。1924年，哲布尊丹巴病死，蒙古人民共和国成立。当时中国的民国政府不予承认。1945年2月，苏联、美国和英国三国首脑签订雅尔塔协定，规定"外蒙古（蒙古人民共和国）的现状须予维持"，并以此作为苏联参加对日作战的条件之一。1945年8月14日，当时中国的民国政府与苏联签订了《中苏友好同盟条约》。1945年12月20日在库伦举行了有关外蒙古独立的公民投票。1946年1月5日，根据蒙古人民共和国公民投票的结果，当时中国的民国政府按照中苏之间达成的协议承认外蒙古独立。1992年2月改国名为"蒙古国"。

3 人口综述

2015年初，蒙古国人口逾300万。蒙古国是世界上人口密度最低的国家之一，每平方公里约1.9人。2013年人口出生率为21.8‰，性别比为1.05，平均预期寿命为69.1岁。现有人口中70%为35岁以下的年轻人，从人口的年龄结构上讲，蒙古国是一个年轻的国家。

从人口居住的分布状况看，牧区居民居住分散，而国家的各类管理机构和公益设施都集中在首都和比较大的城市。近年来，很多人从牧区来到城市，城市人口已达总人口的66.9%，首都乌兰巴托及周边中央地区人口约占总人口的63%。

4 语言文字

蒙古国的官方语言为喀尔喀蒙古语,当地居民有95%的人使用。现代,蒙古国的蒙古语还吸收了其他一些国家的语言词汇,特别是吸收了大量的俄语、英语词汇。

特别提示

★ 根据蒙古国2010年7月颁布的《在蒙外国公民法律地位法》,在蒙古国境内因私居留的外国公民总人数不得超过蒙古国总人口的3%,其中一国公民人数不得超过总人口的1%。

★ 目前长期居留在蒙古国的中国公民有2万余人,其中华侨1600余人,他们主要集中在首都乌兰巴托市。

二 气候状况

蒙古国以"蓝天之国"闻名于世,一年有270天阳光明媚,属典型的大陆性温带草原气候。冬季漫长严寒,常有暴风雪,是亚欧大陆"寒潮"发源地之一。夏季短暂干热,早晚温差较大。首都乌兰巴托冬夏气温悬殊,1月平均气温为 –20℃ ~ –15℃,7月平均气温为 20 ~ 22℃。无霜期短,年均降水量为230毫米。日照率高,年均晴天180天。

特别提示

- ★ 蒙古国国内沙尘暴多发。蒙古国的沙尘暴区属于中亚沙尘暴区的一部分,主要发生在几大沙漠、沙地、戈壁及其边缘地区,近些年来其发生频率和规模显著增强。
- ★ 由于蒙古国生态环境的变化和草原牧场的退化、荒漠化,草原鼠害等自然灾害频繁,很容易引发森林、草原火灾。
- ★ 蒙古国气候干旱少雨,冬夏温差大,容易发生雪灾、旱灾和雹灾。
- ★ 蒙古国境内的河流正以最多一年干涸400多条的速度减少。

三　文化国情

1　民族

蒙古国属于民族相对单一的国家，人口主体为蒙古族人，其中喀尔喀蒙古人占全国人口的 80%。除喀尔喀蒙古人外，其他蒙古人分属于十几个不同的部族，成分较复杂，如杜尔伯特、巴雅特、厄鲁特、土尔扈特、扎哈沁、明嘎特、布里雅特等。由于历史和地理等方面的原因，蒙古各部族之间在语言、风俗习惯和服饰上存在差别，但大体相同并能自由交流。其中，布里雅特人由于历史原因受俄罗斯文化的影响较显著。

蒙古国还有少量哈萨克族及其他操突厥语的少数民族（包括霍屯人、乌梁海人、图瓦人等），约占全国总人口的 6%。这些少数民族在语言及风俗习惯方面受蒙古族影响较大，只是在宗教信仰上有所不同。哈萨克族主要居住在蒙古国的巴彦乌勒盖省、科布多省、巴嘎诺尔市，乌兰巴托市也有一些。哈萨克族信仰伊斯兰教，在哈萨克族聚居区建有清真寺。他们有自己的语言和文字，有哈萨克文的报刊。哈萨克族主要从事畜牧业、农业和手工业，因多数人所居地区远离首都和工业较发达的中部地区，经济社会发展水平相对落后。

特别提示

★ 随着蒙古国扩大对外开放，目前已有 30 多个国家的侨民定居在蒙古国。由于蒙古国与中、俄两大邻国长期的历史联系，大量俄罗斯人（约占外来人口的 42%）和华人（约占外来人口的 25%）已长期定居在蒙古国。他们主要集中在乌兰巴托市，从事商业、企业和服务业，已成为蒙古国居民中一个新的组成部分。

★ 蒙古国现有一些极端民族主义组织，如"蓝色蒙古""达亚尔蒙古人"等，立场强烈反华。

2 宗教

蒙古国居民 90% 以上信奉 16 世纪末传入蒙古地区的藏传佛教；信仰伊斯兰教的穆斯林约占人口的 4%。20 世纪 90 年代以来，蒙古国的藏传佛教呈复兴之势。蒙古国宪法第九条规定：在蒙古国，国家尊重宗教，宗教崇尚国家。蒙古国 1993 年颁布的《国家与寺庙关系法》规定藏传佛教为国教。

20 世纪 80 年代末、90 年代初，多种宗教传入蒙古国。其中来自韩国的基督教和来自俄罗斯的东正教在蒙古国发展很快，还有来自美国和欧洲的一些天主教、基督教宗教组织和机构在乌兰巴托等地发展，在很多社区里（特别是较贫困地区）建立小教堂和传教场所。此外，蒙古族传统信仰的萨满教正逐渐复苏。

特别提示

★ 蒙古国现有多种宗教，佛教和伊斯兰教属于蒙古国的传统宗教，而20世纪90年代之后传入蒙古国的宗教属于非传统宗教。目前的宗教矛盾主要表现在传统宗教与非传统宗教之间。

3 风俗与禁忌

（1）服饰

蒙古族人民的传统服饰是蒙古袍，称为"帝利"，袖口窄，上长下短，盖于手背处稍长，对着手心处稍短，成斜线，称马蹄袖。妇女穿的蒙古袍摆宽，有的已不开叉。在一些地区已婚的妇女穿蒙古袍不系腰带，蒙古语称为"布斯贵"（不束腰带的人）。蒙古袍先有圆领、交领，后有立领、高领。蒙古族还喜欢在蒙古袍的外面罩上马褂。蒙古族一年四季都穿靴。靴底很薄，便于骑乘。

随着俄式服装和现代生活方式的影响不断增强，蒙古人的服饰发生了显著变化。在官方和公务层面，西装和便装逐步普及。当代，蒙古民众的服饰随国际流行款式的兴起产生了时代

虽然进入现代社会，但蒙古国一些游牧民族的风俗还是得以保存
图片提供：达志影像

性变革，西服、休闲装、时装等穿着成为一种时尚和身份的标志。然而，由于生活环境和游牧生产方式的需要，传统的蒙古袍在牧区并没有退出历史舞台。即便在城市，人们在一些节日或特定场合需要隆重着装时也选择穿蒙古袍。

（2）饮食

蒙古族传统的饮食主要是奶食品、肉食品和奶制饮品。随着农业的发展，谷物也成了他们的重要食品。

奶食色白，象征纯洁。蒙古人尚白，以白色为吉祥，称奶食为白食。奶食品种类多，主要有酸奶、黄油、奶皮子、奶酪、奶豆腐（干）、奶油、奶渣、奶糕等。肉食品种主要有手把肉、煮全羊（上等食品，庆祝节日、隆重接待宾客、婚礼时食用）、腊肉、烤旱獭、焖石头烤肉、烤羊腿、烤肉串、烧驼峰、烧蹄筋等。蒙古人喜欢喝的饮料主要有酸马奶、马奶酒、奶茶、葡萄酒、伏特加酒、羊羔酒、果酒、啤酒等。蒙古人多饮砖茶和奶茶,奶茶是蒙古人招待客人的首选饮料。

蒙古人日常生活中的饮食还包括奶煮面条、肉汤面、荞面粉肠、馅饼、火烧、包子、油炸糕点、肉面肠、血肠、五脏肠、香肠、板汤(疙瘩汤)、煮肉粥等。20世纪20年代以后,受苏联的影响,俄式餐饮也流行于城市居民的生活之中。近期,随着与中国交往加深,中餐日益成为蒙古国民众的一种饮食喜好。

(3) 礼俗

敖包是蒙古国草原上常见的供人祈祷、祭祀的场所。路过敖包的人一般均下马下车,按顺时针方向走三圈并往上面添加石块。如不下车,要鸣笛三声,以祈祷一路平安。

献哈达是蒙古人最重要的礼俗之一,在迎送、馈赠、敬神、拜年以及喜庆时使用,以表示敬意和祝贺。哈达长短不等,质料为丝绸、绢纱或棉布,有蓝、白、黄、绿、红五种颜色,多数绣有"八宝""云林"等图案。白色表示清白朴实,象征人们拥有一颗洁白的心灵。蒙古国人民以蓝色为尊,最喜欢用蔚蓝色的哈达敬献给高贵的客人。哈达的长度、质料的优劣和献哈达的方法,要看接受者的身份及与自己关系的远近而定。对尊者或长辈献哈达,身体要略向前倾,两手捧着哈达举过头顶,放到接受者的座前或胸前。献哈达时,必须鞠躬,用双手捧送,有奉献之意。接受者的动作和姿态通常要同献哈达的人一样,并表示谢意。哈达也常常祭献于敖包、神泉等地。

蒙古国牧民至今仍保持着传统的游牧生活方式，使用着传统的蒙古包。进入蒙古包后，主人会请客人坐在蒙古包中最尊贵的位置（正对门口的上座），男宾应从左手方向绕过摆放在蒙古包正中央的炉子走向座位。主人用奶茶、奶食品招待客人。

递鼻烟壶也是蒙古人流传下来的古老习俗，是蒙古族最普遍的相见礼，在日常交往中表示敬意和友好。在传统的民间生活中，蒙古人尤其是草原上的牧民，无论男女、贫富大都备有鼻烟壶。到蒙古人家庭做客时，殷勤好客的主人常拿出一个非常精致的小扁瓶，敬给客人嗅一嗅，或者请客人从"瓶"中倒出一点"粉末"用手捻搓后由鼻吸入。随着纸烟的流行，这类习俗已逐渐减少。

蒙古人十分讲究酒具、茶具以及清沏、沏茶和敬酒的方式。倒茶要倒满，才显示主人的热诚。蒙古国气候寒冷，蒙古人向来视酒为食品的精华，朋友见面常要喝酒。敬酒是表示对客人的热情欢迎和崇高敬意，是蒙古人的传统礼节。通常，客人接杯满饮或转赠给别人，敬酒才算完成。客人把酒一饮而尽，主人的心情会很舒畅，酒后主人要与客人握手道别。在蒙古人家里做客，若能毫不客气地痛饮饱餐，主人会感到格外高兴，认为这样的客人"诚实可交""够朋友"；相反，你若客气推托，主人倒会反感，认为你瞧不起他。

蒙古人有尊老爱幼的优良传统，对老人有一套表示尊敬的礼俗。蒙古包内以西为尊，长辈或尊者必须请坐于西边。长辈讲话，晚辈不能乱插话。晚辈外出回来，要到祖辈、父辈面前请安，在行礼的同时还要问好。长辈发问，晚辈必须温和回答，进劝时必须委婉。当遇到相识的长者时，要首先开口问候，不能直呼长者的姓名，只能用尊号"爷爷"（意为长辈），而通常不论男女比自己年龄小的都叫"迷你度"（意为我的小辈）。蒙古人还有为 60～90 岁的老人祝大寿的习惯。

对不认识的人如因不留意发生肢体碰撞，要主动握一握对方的手。两人长时间不见面或分手要相互拥抱亲吻一侧面颊，再见面时亲吻另一侧面颊。在一般交际场合，应遵从尊者优先、长者优先、女士优先的原则。蒙古人热情豪放，在社交场合衣着整齐、得体。

特别提示

- ★ 蒙古国的生活节奏较慢，普通民众的时间观念不强。
- ★ 在蒙古国，人们见面交谈忌讳打探个人收入、年龄、宗教信仰、情感等隐私。
- ★ 蒙古人忌讳别人触摸自己的头部和帽子；向别人递交东西要用右手，以示尊敬。
- ★ 蒙古人把火看成驱灾避邪的圣物，因此禁止把刀插入火中，或用刀去拨火，或在火上砍切东西，认为这样做就会刺伤火神或火神的头；也不准在火上烤脚，往火里扔脏东西；不能从火上跨越，不能在火旁放刀斧等锐器。
- ★ 由于自古以来逐水草而居，蒙古人特别崇敬水，认为在河里不能洗澡、洗脏东西，更不能倒垃圾、大小便。

★ 蒙古人把马出售或送人时，马笼头一定要由主人带回，认为不这样做家畜就不能繁殖。

★ 牧区的蒙古人爱养狗，用以看守门户。客人来时遇到狗叫，客人不能打狗，打狗会犯禁忌，遭到主人冷眼相待。进门不能踏门槛，从前踩了官帐门槛的人要受处罚。据民间传说，踩踏门槛象征着用脚踩了主人的咽喉，因此非常忌讳。

★ 蒙古人禁止从食物上或放食物的用具上跨过，更不准从人头上跨过；禁止以手指或以马鞭指人和触碰他人的用具，认为这些都是对人的不尊敬。

★ 孩子出生前，不能提前准备衣物和用品。有许多地方规定，孩子满月以前禁止剃发、戴帽子，前来参加孩子满月或剃发仪式的亲友也不能送帽子。

★ 在与民族自尊心极强的蒙古国人交谈时，不要谈及敏感的历史问题，比如成吉思汗——部分蒙古人不承认成吉思汗是中国英雄，认为元朝不是中国朝代。

★ 给蒙古国人敬烟时不要随意扔给对方，这是严重的不尊重对方。

4 重要节日

蒙古居民重视过节。蒙古国的重要节日有：新年（1月1日）；白月节（又叫春节，藏历初一、初二）；宪法纪念日（1月13日）；妇女节（3月8日）；军人节（3月18日）；母婴节（6月1日）；国庆节那达慕（7月11～13日）；共和国成立日（11月26日）。

每周六、周日为公休日。2012年起增设成吉思汗出生日（5月31日）为蒙古国"荣耀日"。

蒙古
MONGOLIA

第二篇
政治环境

蒙古
MONGOLIA

一　国家体制

1　国体、元首及国家标识

（1）国体和元首

1992 年通过的宪法规定，蒙古国为宪政共和国，实行总统议会制。总统是国家元首，是蒙古国人民团结统一的体现者，为蒙古国武装力量最高统帅。年满 45 岁、参选时定居蒙古国不少于五年、在蒙古国出生的公民，有资格参选总统。总统由全民不记名投票直接选举产生，任期四年，可连任两届。

现任总统为查希亚·额勒贝格道尔吉，在 2013 年 6 月的大选中获得 50.23% 的选票，成功连任。

（2）国家标识

蒙古国宪法规定：国徽、国纛、国旗、国玺和国歌是本国独立、主权的象征，是蒙古国人民历史传统、向往、团结、正义和朝气的体现。

蒙古国徽　　　　　　蒙古国旗

2　宪法概述

蒙古国现行宪法为第四部宪法，于 1992 年 1 月通过，同年 2 月 12 日起生效。宪法规定：蒙古国是独立自主的共和国，在国家体制上是统一的国家；以建立人道的公民民主社会为崇高目标；全部政权属于劳动人民，蒙古国人民通过直接参与国家事务以及由他们选举执政的代表机构行使其权力；经济为符合世界发展总趋势、具有多种成分的经济，国家承认公有制和私有制的一切形式，依法保护所有者的权利；在未颁布法律的情况下，禁止外国军事力量驻扎蒙古国境内和通过蒙古国领土；国家尊重宗教，宗教崇尚国家，公民享有宗教信仰自由；根据公认的国际法准则和原则，奉行和平外交政策。根据该宪法，改国名为"蒙古国"并实行议会制。

1999 年，国家大呼拉尔审议并通过一项宪法修正案，内容为在议会选举中获胜政党单独或联合组阁时，可自行向国家大呼拉尔提出总理人选。

二 政治制度

1 政体概述

蒙古国政体是三权分立。国家大呼拉尔（议会）是国家最高权力机关，实行一院制，行使立法权。国家大呼拉尔由76名委员组成，成员由蒙古国公民以无记名投票方式选出，任期4年。年满25岁、有选举权的蒙古国公民可当选为国家大呼拉尔委员。国家大呼拉尔设主席、副主席，从国家大呼拉尔委员中提名，以无记名投票选举产生，任期4年。国家大呼拉尔每半年召开一次例会（春季和秋季例会），每次例会不少于75个工作日。本届国家大呼拉尔于2012年6月产生，主席为赞达呼·恩赫包勒德（民主党），2012年7月就任。

2 政治中心

乌兰巴托是蒙古国首都，全国政治、经济、文化、交通、工业和科技中心，面积占全国总面积的0.01%。乌兰巴托是具有370多年历史的古都，始建于1639年，当时称"乌尔格"，蒙古语为"宫殿"之意，位于蒙古国北部图拉河北岸，为喀尔喀蒙古"活佛"——哲布尊丹巴一世的驻地。此后的150年中，"乌尔格"游移于附近一带。1778年起，逐渐定居于现址附近，并取名"库伦"和"大库伦"，蒙古语为"大寺院"之意。

1924年蒙古人民共和国成立后,改库伦为乌兰巴托,并定为首都,意思是"红色英雄城"。现与呼和浩特、台北、天津和首尔有友好城市关系。

乌兰巴托是一座具有浓郁草原风貌的现代城市。它面积为4704平方公里,常住人口131.45万(截至2014年底),其中70%的人口是年轻人,是世界上人口最年轻的城市之一。

3 主要政党

蒙古国实行多党制,截至2014年,蒙古国约有20个政党。主要政党有:

(1)蒙古人民党(MPP,原称人民革命党)

成立于1921年3月,1925年3月改称蒙古人民革命党,1997年2月该党召开的二十二大确定党的性质为"民族民主主义性质的中左翼政党",理论基础为"民主社会主义思想"。2007年10月该党召开二十五大,通过党章修正案,决定保留党章中"党主席兼任总理"的规定。2010年11月召开二十六大,恢复党名为人民党,选举由31人组成的领导委员会。拥有党员约16万。现任主席为米·恩赫包勒德,总书记为蒙赫巴特。

(2)蒙古民主党(MDP)

该党现为执政党,1990年2月18日从蒙古国第一个反对派力量蒙古民主联盟中产生,以1992年10月25日成立的蒙古民族民主党为基础,于2000年12月6日由蒙古民族民主党、社会民主党、民主复兴党、宗教民主党和民主党合并而成。拥有党员超过 16 万。党的宗旨是重视人的发展、人的权力和自由，并视个人能力大小承担相应的社会责任。党的目标是：巩固蒙古国政治独立；建立合理、强大的经济体制；建立开放的社会；建立良政；将社会发展与国际社会进步密切接轨。党的全国代表大会每四年召开一次会议。全国协商委员会（相当于中央委员会）下设 8 个常设委，负责日常工作。党的监察机关是独立于任何个人的基本章程委员会，对党章负责。党主席为恩克博尔德。

（3）公民意志绿党（CWGP）

该党为蒙古国第三大党，成立于 2000 年 3 月。党的最高权力机构为全国委员会，有 105 名委员，每年召开一次大会。最高领导机构为政治委员会，从全国委员会中选举产生，由 11 人组成。该党主要宗旨是反失业、反贫困、反贪污腐败、反酗酒，主张建设文明的、有创造力的、富强的蒙古国。该党有党员 7.5 万多人。党的主席为原公民意志党主席、国家大呼拉尔委员桑·奥云。

此外，蒙古国还有共和党、民族新党、传统联合党等 20 多个注册政党。

4　主要政治人物

（1）现任总统查希亚·额勒贝格道尔吉

查希亚·额勒贝格道尔吉出生于 1963 年 3 月，1988 年毕业于乌克兰利沃夫市军事政治学院。曾留学美国哈佛大学，懂英语、俄语。1989 年进入政坛。曾两次担任总理、国家大呼拉尔副主席、三届议员。他属于蒙古民主党，政治立场以拥护民主、自由意志闻名，是蒙古国民主运动领导人之一。2009 年 6 月，就任蒙古国总统。2013 年 6 月 26 日在连任选举中获胜。

（2）总理贝·赛汗比勒格

2014 年 11 月 21 日由蒙古国国家大呼拉尔选举为第 28 任总理。45 岁的赛汗比勒格出生于蒙古国东方省，在上届政府中曾任政府办公厅主任兼国务部长。

（3）国家大呼拉尔主席赞达呼·恩赫包勒德

赞达呼·恩赫包勒德出生于 1965 年 5 月，1989 年毕业于俄罗斯乌拉尔综合技术学院自动化和遥控机械专业。2004 年毕业于美国丹佛大学国际商务管理专业。1999～2000 年任国家大呼拉尔主席顾问。2000～2001 年任民主党总书记。2005 年起连续三次当选国家大呼拉尔委员。2012 年 7 月就任国家大呼拉尔主席。

5　主要政治压力团体

蒙古国影响最大的工会组织是蒙古国工会联合会，总部设在乌兰巴托市，成员单位包括铁路工作者工会联合会、卫生工作者工会联合会、贸易服务工作者独立工会联合会等。近几年，蒙古国工会联合会积极参与蒙古国的社会对话机制，在反贫困化、维护劳工经济社会利益方面与政府、雇主联盟组成三方谈判机制，努力为普通劳工争取利益。

乌兰巴托市中心苏赫巴托广场的国家宫
图片提供：达志影像

蒙古国非政府组织较多，达6000多个，覆盖面广，涉及政治、人权、矿产、基础设施、农牧业、生态环保、旅游等几乎所有社会领域，但总体规模都较小，如"蒙古绿色运动""正义公民阵线""人民监察委员会""火民族"等。这些组织由于涉及领域广，活动频繁，对民众有一定号召力，有时会对国家政策产生一些影响。

特别提示

★ 近年来，蒙古国社会贫富分化较为严重，引发诸多社会矛盾和问题，也直接影响到社会治安状况。而且，蒙古国法律规定，居民经相关部门批准备案后可持有枪支。据不完全统计，蒙古国乌兰巴托市有8000多人持有猎枪许可证。

★ 据蒙古国警方统计，2010～2013年共有365名外国公民遭到违法行为侵害，其中，中国公民155人。总体上讲，蒙古国当地治安形势基本尚可，但在集贸市场、超市及车站有盗窃行为。

★ 近期，蒙古国发生社会治安事件较多，外国人被打、被抢的事件时有发生，偷盗案件发生更为频繁。中方赴蒙古国务工人员一定要提高警惕，不要单独外出；要妥善保管贵重物品，以免招致盗抢。

三　行政结构

1　行政区划

蒙古国按行政区划分为 21 个省和 1 个直辖市。各省为：前杭盖省、后杭盖省、巴彦乌勒盖省、巴彦洪高尔省、布勒干省、戈壁阿尔泰省、东戈壁省、东方省、中戈壁省、扎布汗省、南戈壁省、苏赫巴托省、色楞格省、中央省、乌布斯省、科布多省、库苏古尔省、肯特省、达尔汗乌拉省（原达尔汗市）、戈壁松贝尔省（原乔伊尔市）、奥尔浑省（原额尔登特市）。

省下为县，县下为乡。首都乌兰巴托市为直辖市，下设 9 个行政区，区下为里。其他城市只划分为区。首都管理体制由公民代表呼拉尔和市政府组成。

全国共有 331 个县和 1681 个自然村。蒙古国主要的经济中心城市还有额尔登特市、达尔汗市。

2　主要行政机关

总理领导下的政府为国家权力最高执行机关，政府成员由国家大呼拉尔任命。总理任期 4 年。现政府由民主党、"正义联盟"（人民革命党、民族民主党组成）、公民意志绿党等组成。

2014 年 12 月 4 日，蒙古国国家大呼拉尔讨论并表决通过了《政府构成及成员法》。根据此法案，蒙古国政府由 19 名成员组成，包括总理、副总理、政府办公厅主任、15 个政府部门部长和新增设的国务部长（State Minister of Mongolia）。新的 15 个政府部门有：环境绿色发展与旅游部、外交部、财政部、司法部、工业部、建设与城市发展部、教育文化与科技部、道路与交通部、矿产部、劳动部、人口发展与社会保障部、食品与农业部、能源部、国防部、卫生与体育部。

蒙古国行政区划单位的领导权力建立在地方自治领导与国家领导相结合的基础上。地方自治权力机关，在省、首都、县、区为当地公民代表呼拉尔，在乡、里为当地公民呼拉尔。呼拉尔闭会期间为呼拉尔主席团。国家的领导权分别由该省、首都、县、区、乡、里的札萨克（政府）主席执行。札萨克主席的办公机关为行政公署。省、首都札萨克主席由总理任命；县、区札萨克主席由其所属省、首都札萨克主席任命；乡、里札萨克主席由其所属县、区札萨克主席任命，任期均为 4 年。札萨克主席有权否决其管辖的省、首都、县、区、乡、里呼拉尔的决议。其否决被本地区呼拉尔多数代表驳回后认为已不可能执行该决议时，可向相应的呼拉尔、总理或上一级札萨克主席提交辞呈。

3　法律构成

蒙古国有完善的法律体系，主要法律有《蒙古国国家安全法》《蒙古国外交关系法》《建筑法》《税收总法》《食品法》

《消费者权益保护法》《石油法》《增值税法》《企事业单位所得税法》《个人所得税法》《企业破产法》《投资法》《劳动法》《矿产法》《公民土地私有化法》《财产私有化法》《银行法》《预算法》《关税法》等。

4　主要司法机构

蒙古国法院是拥有审判权的唯一机构。蒙古国司法体系由国家最高法院、省和首都法院、县法院、区法院、行政事务专门法院组成。国家最高法院是蒙古国最高审判机关和监督法院，由大法官和16名法官组成。国家最高法院的裁决为最终裁决，所有法院和其他有关各方必须执行。现任最高法院大法官为策·卓里格，2010年11月就职。

为保障法官不充当附庸和法院的独立地位，蒙古国设有司法总委员会。司法总委员会不介入法院和法官的审判工作，只完成从法律工作者中选拔法官并保护其权益等有关保障法院独立工作条件的职责。任何人都不得干涉法官的审判和执行。国家最高法院法官，经司法总委员会向国家大呼拉尔推荐；其他法院的法官，经司法总委员会提名，由总统分别任命。大法官经国家最高法院从其法官中提名，由总统任命，任期六年。国家总检察长、副总检察长，由总统与国家大呼拉尔磋商后予以任命，任期为六年。

检察机构由总检察署和各级地方检察署构成。现任总检察长为阿姆加蓝，2015年2月就职。

特别提示

★ 蒙古国的法律体系比较完备，但法律执行力度较差。

★ 蒙古国国家大呼拉尔主席、副主席、总理和总统任期均为4年，政府成员由国家大呼拉尔任命。每届政府新成员上任，对上届未实施的决议要重新审议，这为中资企业来蒙古国投资增加了较大的不确定性，蒙古国政府投资政策的连续性和稳定性较差，这对来蒙古国投资者来说至关重要。面对2016年大选的压力，各政治力量可能诉诸民族主义以换取选民支持，从而导致蒙古国政府已放松的外资政策再度反复，对外国投资者造成不利影响。

★ 基础设施建设落后、政府行政效率较低、腐败较为盛行等导致企业运营的潜在成本较高。

★ 蒙古国交通、水电等基础设施建设落后，导致资源运输和贸易成本过高，对企业的经营构成不利影响。

四 外交关系

1 外交原则

蒙古国奉行开放、不结盟的和平外交政策,2011年,蒙古国国家大呼拉尔通过新的《对外政策构想》,将"开放、不结盟的外交政策"拓展为"爱好和平、开放、独立、多支点的外交政策",强调对外政策的统一性和连续性,明确对外政策的首要任务是发展同俄罗斯、中国两大邻国的友好关系,并将"第三邻国"政策列入构想,发展同美国、日本、欧盟、印度、韩国、土耳其等西方国家和联盟的关系。

截至2013年年底,蒙古国已同173个国家建交。

2 大国关系

(1) 与俄罗斯的关系

20世纪90年代以前,蒙古人民共和国与苏联关系密切,有苏联"第16个加盟共和国"之称。1990年以后,随着苏联解体,蒙古国内外形势剧变,强烈的排俄情绪,导致蒙俄关系经历了一段冷漠期。

2000年俄总统普京访问蒙古国,确定了新世纪全面发展两国关系的方向和政治基础。2002年,俄总理访问蒙古国,推动了两国传统经贸关系的全面恢复和发展。俄罗斯表示将对蒙古国关系置于对亚洲国家关系中的首位。2003年蒙古国总理访俄，双方签署了解决蒙古国拖欠苏联债务问题备忘录等文件，免除了债务，消除了阻碍双方经贸关系发展的主要因素。2014年9月3日，普京对蒙古国进行6个小时的工作访问。访问期间，蒙俄两国政府、部委和企业间共签署15份协议、意向书和备忘录，内容涉及司法、基础设施、通信、森林防火、航空运输等。

蒙俄传统的经贸关系是蒙俄两国关系的最重要基础，无论过去还是现在，蒙古国的经济发展都离不开俄罗斯。从1999年起，俄罗斯对蒙古国最大贸易伙伴地位被中国取代，但在蒙古国进口市场长期居各国之首。蒙古国约90%的石油和西部三省电力要从俄罗斯进口，双方合资的额尔敦特铜钼矿、蒙俄有色金属公司、乌兰巴托铁路股份公司三大合资企业的产值占蒙古国GDP的40%，其产品出口占蒙古国出口总额的60%，运力占蒙古国全国的98%。对蒙古国来说，俄罗斯的重要地位不可取代。由于蒙古国政治社会制度和经济体制始终与北邻相近，再加上地缘政治因素，俄蒙伙伴关系超前或同步于中蒙伙伴关系，并不断得到提升。

2013年俄罗斯与蒙古国的双边贸易额比2012年下降了16%，降至16亿美元，2014年上半年又下降了13%。这主要是由于蒙古国经济不景气，对石油产品、机械和设备的需求减少所致。

（2）与美国的关系

1986年苏联宣布从蒙古国撤军后，翌年美国与蒙古国建交。1990年蒙古国民主化运动兴起和政局发生转折性变化以后，美国对蒙古国的战略地位日益重视，而蒙古国也将美国视为"第三邻国"，认为美国是其政治和军事安全的保障，与美国交好有助于减少蒙古国对中国和俄罗斯的依赖。美国和蒙古国军政要员屡屡互访，对两国政治、军事、经济等各个领域的合作起到积极的推动作用。

在政治方面，美国积极支持蒙古国的民主化进程，并支持蒙古国参与更多的国际事务。

在军事方面，蒙古国在军事领域一直与美国密切合作，全力支持美国在阿富汗、伊拉克进行的反恐战争。蒙古国是唯一主动要求派兵到伊拉克的亚洲国家。美国则为蒙古国提供军事技术和装备、培训军官。美国不惜重金在蒙古国首都乌兰巴托建立了国际维和训练中心，并从2003年开始举行代号为"可汗－探索"的联合军演。迄今为止，五角大楼每年向蒙古国提供200万美元的装备和武器，并投入100万美元落实蒙古国军队人才培养计划。2014年，美国表示将增加对蒙古国的军事援助，扩大对蒙古国军官的培训计划。

在经济方面，美国给蒙古国永久性最惠国待遇，并提供了大量援助。1991年以来，美国以人道主义名义每年平均向蒙古国提供1200万美元的经济援助，支持蒙古国的经济改革及发展市场经济。1991～2003年，美国是仅次于日本之后的第二个外援国，无偿援助金额达1.3431亿美元，占国际社会援蒙资金总额的11%。2011～2013年，美蒙年贸易额和美国对蒙古国出口额始终排在中、俄之后的第三位。美国对蒙古国投资虽排位靠后，但集中于规模大、工期长的石油和矿山开采部门，从长远来看，其经济效益和战略意义不可低估。

（3）与日本的关系

1972年，蒙古人民共和国放弃日本战争赔偿，两国建立外交关系，日本开始对蒙古国提供各种经济援助。1977年3月，日本向蒙古国提供了50亿美元的无偿援助，帮助蒙古国建立了戈壁纺织厂，年产羊绒1000吨，占当时世界羊绒产量的25%，每年为蒙古国创汇约占当时蒙古国外汇总收入的一半。

1990年起，日蒙关系迅速发展，高层互访频繁。1998年日蒙建立的新世纪综合性伙伴关系以经贸关系为核心，提升为综合战略合作伙伴关系。日本不仅自己提供巨额经济援助，还动员国际组织和捐助国对蒙古国提供定期援助。1991~2003年，日本是蒙古国最大的外援国，无偿援助金额达6.105亿美元，占国际社会援蒙资金总额的50%。截至2011年，日本对蒙古国提供的政府开放援助达2111亿日元。日本援款贴近民生，主要用于电力、通信、运输等基础设施项目，部分用在农牧业、文化教育及旅游等领域。蒙古国领导人认为日援对蒙古国经济恢复和发展具有"决定性意义"，因而"一直把日本看作亚洲主要伙伴"。2014年5月，蒙古国与日本达成协议，日本将利用蒙古国向日本借到的7500万美元贷款（2014年至2023年，利率为0.2%），为蒙古国培养1005名工程技术人员。2015年2月，根据蒙日两国间的经济合作协定，日本将为蒙古国在建的国际机场项目提供368.5亿日元优惠贷款，并将派遣专家为蒙古国完善中长期经济政策提供支持。

作为回报，蒙古国支持日本成为联合国安理会常任理事国，将2008年安理会非常任理事国的选举权让与日本，成为唯一公开正式表态支持日本"入常"的东亚、东南亚国家；准许日本自卫队到蒙古国参加美蒙联合军演。

在两国的交往中，日本处处主动。每当蒙古国发生灾情，满载日本救灾物资的车队就及时赶到。日本驻蒙古国大使频频在蒙古国的电视及其他媒体上亮相，成为外国驻蒙古国使节中的"明星"。国际评论认为，日本正在蒙古国的"第三邻国"概念中谋求"第四邻国"的地位。

（4）与韩国的关系

1990年，蒙古国与韩国建立外交关系。此后十多年来，蒙古国与韩国的关系发展迅速，经贸关系也颇为引人注目。1991年，韩国向蒙古国提供了835万美元的无偿援助，并陆续提供了技术和优惠贷款等援助。双方的经贸合作持续发展。韩国的汽车、家电、文具和服装等商品，在蒙古国市场上都有较大份额。2012年，蒙古国宣布将从韩国SK能源公司进口汽油。此前，蒙古国进口汽油的主要来源国为俄罗斯、中国、哈萨克斯坦，其中90%以上来自俄罗斯。

韩国对蒙古国的文化也不容忽视。韩国人认为他们从人种和语言上跟蒙古人同宗同源。1991年苏联撤军后，韩国开始对蒙古国进行学术和教育渗透。韩国在乌兰巴托修建的首尔街，成为扩大韩国在蒙古国民众中影响力的重要载体。在乌兰巴托，韩国饭店、医院和韩国汽车随处可见，蒙古国的电视里也播放韩国电视剧。

(5) 与欧盟的关系

蒙古国为摆脱中、俄的影响,利用自己的地缘优势和丰富的矿藏到欧美寻找盟友。欧盟始终是蒙古国积极争取的对象之一。蒙古国与欧共体(欧盟)1989年建交。2001年后,出于反恐的需要,欧盟开始重视蒙古国。欧盟担心中亚地区会成为毒品和武器交易的自由市场,而蒙古国在欧盟的眼中则是这个地区最安静、最稳定的伙伴。2005年,欧盟向蒙古国敞开了欧洲市场的大门,几乎所有蒙古国产品均可免税进入欧盟市场。

2013年11月,应总统额勒贝格道尔吉邀请,欧盟委员会主席巴罗佐访问蒙古国。额勒贝格道尔吉表示,蒙古国视欧盟为"第三邻国",并将发展对欧盟关系作为外交政策优先方向之一。巴罗佐宣布继续将蒙古国列入"普遍优惠制"国家,即在蒙古国生产的产品出口欧盟国家享受免税待遇。同时表示双方将加强教育、文化、社会等领域的合作。

在欧盟中,蒙古国与德国的关系比较近。早在民主德国时期,蒙古国就与德国关系良好,曾有25000名蒙古人在德国接受过培训。这些人如今都在蒙古国生活和工作。蒙古国认为,通过与德国的友好关系,蒙古国人民对欧洲文化和价值观有了长时间接触;同中国和俄罗斯相比,东欧国家的改革离蒙古国更近。

3　主要国际参与

近年来,蒙古国在实行多支点的安全外交战略的同时,积极参与多边经贸合作及国际组织之间的合作。此外,蒙古国还加入了国际社会诸多非政府组织,如国际民主妇女联合会、世界民主青年联盟、国际学生联合会、国际工会联合会、国际矿工工会、国际教师协会联合会等。蒙古国和主要国际组织的关系如下。

(1) 与联合国的关系

早在 1946 年,蒙古国就递交了要求加入联合国的申请。1955 年,台湾当局在安理会上否决蒙古国加入联合国,认为蒙古是中国领土的一部分,因此其加入联合国进程搁浅。

1961 年,为阻止中华人民共和国加入联合国,美国给台湾当局施压,以台湾当局不否决蒙古国加入联合国为条件,换取美国政府公开声明坚决支持台湾当局代表中国在联合国的席位。同年 10 月 27 日,蒙古国加入联合国,成为联合国第 101 个成员国。此后,蒙古国一直积极参与联合国的教科文、环保、军事维和等活动,并获得联合国的各项经济帮助。

(2) 与欧洲安全与合作组织的关系

2012 年 11 月,在奥地利维也纳举行的欧洲安全与合作组织会议上,蒙古国正式成为欧洲安全与合作组织的第 57 个成员国。1975 年成立的欧安组织,成员主要为美加及欧洲国家,同时也包括哈萨克斯坦、乌克兰等独联体国家。欧安组织看重蒙古国位于中、俄之间,连接中亚和东北亚的重要战略地位,蒙古国则希望此举为在第三邻国外交政策的框架内同美国、欧盟成员国进行平等的合作、建立更紧密的关系创造有利条件。

(3) 与北大西洋公约组织的关系

蒙古国与北约的合作关系早在 10 多年前就开始了。在美国的主导下,蒙古国 2003 年开始派军队参与阿富汗国民军培训计划、伊拉克"自由行动"、北约框架内的科索沃行动及美国和北约主导的反恐行动。2009 年额勒贝格道尔吉当选总统后,蒙古国更加强了与北约的关系。2010 年,额勒贝格道尔吉首次参加了在里斯本举行的北约峰会,并表示愿意增加赴阿富汗军人数量。在 2012 年北约峰会上,蒙古国首次以北约"全球伙伴关系"框架内的"和平伙伴关系国地位"参会。2013 年 3 月,北约与蒙古国正式签署了合作伙伴协议,标志着蒙古国与北约关系取得重大突破,为进一步拓展双方合作关系奠定了法律基础。

(4) 与上海合作组织的关系

蒙古国作为上海合作组织第一个观察员国,一直积极参与上合组织向观察员国开放的各项活动,近两年呈现出更加重视与上合组织关系(特别是经济合作关系)的趋势。蒙古国对于上合组织有以下几点诉求。

第一,蒙古国不存在上合组织共同打击的国际恐怖势力、宗教极端势力、民族分裂势力等"三股势力"威胁,所以蒙古国与上合组织主要寻求在经济领域进行合作。

第二,蒙古国责成上合组织成员国相关部委采取措施扩大交通领域互利合作的决定。如途经蒙古国的铁路、公路网、管道铺设等方面，蒙古国愿与中、俄两国积极合作。

第三，蒙古国希望上合组织相关部门切实落实 2010 年 1 月在乌兰巴托举行的上合组织实业家委员会论坛上提出的加强与观察员国的合作和推动区域内旅游合作等方面的建议。蒙古国如果能够参与该组织框架内的跨境旅游合作，将有利于促进本国"矿产业、旅游业、畜牧业"三位一体的经济模式的形成和发展。

第四，蒙古国希望从观察员国迈入成员国行列。蒙古国有关研究上合组织问题的专家称，蒙古国正在研究加入上合组织的问题。

（5）与亚投行的关系

2014 年 10 月 24 日上午，21 个亚投行首批意向创始成员国的财长和授权代表在北京人民大会堂签署《筹建亚洲基础设施投资银行备忘录》。蒙古国是首批意向创始成员国之一。

特别提示

★ 2015 年 10 月 20 日，蒙古国总统额勒贝格道尔吉的法律顾问向蒙古国国家大呼拉尔主席恩赫包勒德提交了"永久中立国"相关法律草案。这标志着蒙古国正式开始从立法层面向"永久中立国"地位迈出步伐，这也是蒙古国在大国之间实现平衡外交的重要举措。

★ 蒙古国"第三邻国"的理念使得中国在发展同蒙古国关系上面临着更大的竞争。蒙古国的矿产资源特别是稀土资源，吸引了包括日、韩在内的多个国家。更值得注意的是，环境问题在蒙古国政治中变得日益重要，西方国家正在通过NGO、绿党等渠道对蒙古国施加越来越大的影响。

五 政治风险评估和防范

1 政治风险

(1) 政策易变

蒙古国国内政治的连续性和稳定性较差。蒙古国实行一院制,每逢政府换届,都要对上届政府未实施的议案进行重新审议。这给包括中国在内的外国投资者带来了较大的政策风险。例如,2012年5月,蒙古国国家大呼拉尔通过《关于外国投资战略意义领域协调法》,将矿产、银行、通信等行业划入"战略领域",并规定涉及战略领域企业的外国投资占比超过49%且投资额超过1000亿图格里克(约合3.2亿人民币)时,需要由政府交由议会讨论决定。这一突然提高对外商投资门槛和监管力度的做法,导致外商投资大幅减少。

(2) 蒙日关系紧密

在中日关系紧张的时期,蒙古国国民却更欢迎日本人。尤其引人注目的是,蒙古国各主流媒体经常把日本列为"对蒙古国最友好的国家之一"。日本外务省的一份调查显示,目前在蒙古国,日本已成为最受欢迎的国家之一。

2　风险防范措施

（1）处理好与议会的关系

蒙古国是设有总统的议会制国家，议会在国家运作中占有举足轻重的地位，各项重大决策甚至大项目都要经过议会投票通过。中国企业不仅要与蒙古国中央政府主管部门和地方政府建立良好的关系，而且要积极发展与蒙古国各级议会的关系。中国企业要关心蒙古国政府的换届和议会选举，尤其要关心地方议会选举的情况，关心当地政府的最新经济政策走向。了解中央政府部门和地方政府的相关职责和权限范围，了解议会各专业委员会的职责和他们关注的焦点、热点问题。要与所在辖区地方政府、国家主管部门、辖区当选议员，尤其是对经济、产业和就业有影响力的议员保持沟通，报告企业发展动态和对当地经济社会所做贡献，反映企业发展中遇到的问题和困难。

（2）回避"禁区"

在与民族自尊心极强的蒙古国人交谈时，不要谈及敏感的历史问题。

（3）建立并启动应急预案

中国企业到蒙古国开展投资合作，要有针对性地建立内部紧急情况预警机制，制定应对风险预案。对员工进行安全教育，设专人负责安全生产和日常的安全保卫工作；购置安全设备，给员工上保险等。遇有突发自然灾害或人为事件，应及时启动应急预案，争取将损失控制在最小范围。遇有火灾和人员受伤，应及时拨打当地火警和救护电话,并立即上报中国驻蒙古国大使馆和企业在国内的总部。

(4) 承担必要的社会责任

中国企业在蒙古国开展投资合作,不仅要努力发展业务,而且要承担必要的社会责任。回馈当地社会,促进当地经济社会的发展。依法纳税,依法保护生态环境,开展惠及当地经济社会发展、居民生活安康的公益事业与活动等,处理好同当地政府和居民的关系。关注业务发展带来的资源、环境、劳工、安全以及社会治理等问题,以免引起当地居民的反感和抵制。

蒙古
MONGOLIA

第三篇
经济状况

蒙古
MONGOLIA

一　能源资源

1　主要能源及分布

（1）石油

蒙古国石油资源主要分布在南部和东部的东方省、东戈壁省、中央省等地区，重要的油气远景区包括东方省的塔木察格盆地、东南部东戈壁盆地和中部的尼尔金盆地等。蒙古国现有22个油田，初步估算储量达60亿~80亿桶。与中国接壤的东、南、西部地区就有13个比较大的石油盆地，储量约30亿桶以上。国际专家对蒙古国石油资源的评估为：低储量5.29亿桶（7200万吨）；中储量28.6亿桶（3.9亿吨）；高储量57.8亿桶（7.92亿吨）。

蒙古国的石油主要产区是东方省的塔木察格盆地。该盆地与中国内蒙古自治区接壤，产量约占全国产量的三分之二。

（2）煤炭

蒙古国被称为"煤矿业的沙特阿拉伯"。蒙古国是全球煤炭资源最集中、最丰富的地区之一。据蒙古国能源局统计，蒙古国的煤炭总储量约为1623亿吨（包括推断储量），分布在全国各地，其中靠近中国的南戈壁地区是蒙古国重点打造的世界级煤矿区，储量为530亿吨，即将开采的世界最大的焦煤矿塔本陶勒盖煤矿就位于南戈壁省，初步勘探表明，该矿蕴藏有约64亿吨高品质原煤。

2 主要资源及分布

（1）矿产资源

蒙古国地处中亚东西向巨型铜金多金属成矿带中东段，矿产资源丰富。据蒙古国矿产资源管理局统计资料，蒙古国已发现和评价了8000多个矿点，煤、铜、钨、金、银、钼、铝、铁、铅、锌、铀、锰、萤石、磷、盐等80多种矿产初步探明了储量，有1170个矿点正被开采（2009年蒙古国矿业协会统计数据）。目前，蒙古国最有勘查开发远景的金属矿产是铜、金、铀、铁；煤炭资源丰富，石油储量可观；萤石、盐、天然碱、磷块岩等都是其优势矿产。

铜（钼）：据蒙古国政府最新公布的数据，蒙古国目前的铜矿石储量为8350万吨，具有良好的开发前景。主要集中在近东西向的火山岩带中，由此形成3条矿带，分别称为北蒙古带，中蒙古带、南蒙古带。北蒙古带有蒙古国最大的额尔登特斑岩型铜（钼）矿床，位于布尔根省中部。目前，额尔登特铜钼矿已列入世界十大铜钼矿之一，储量居亚洲之首。南蒙古带有著名的奥云陶勒盖铜金矿。该矿位于南大区，距中国边界仅80公里。另外还有查干苏布尔加大型斑岩铜（钼）矿床，位于东戈壁省的半沙漠地区。铜是蒙古国最重要的矿产品。蒙古国的铜、钼精矿几乎都出口到中国。

金：蒙古国已发现金矿产地300多处，主要是砂金矿，分布在16条金成矿带中。开发条件最好的是北肯特金矿带，蒙古国已探明的金储量94.6％集中在此。储量高达1275吨的奥尤陶勒盖铜金矿由加拿大艾芬豪公司、澳大利亚力拓公司和珍宝－奥尤陶勒盖共同投资。

银：蒙古国的银矿资源主要分布在偏远的西北山区。其中最大矿床是1976年发现的阿斯迦特银矿。该矿位于蒙古国阿尔泰山北侧，有11条矿化带，初步估计矿床银储量为4970吨，品位为297克／吨。

锌、铅：锌铅在蒙古国分布较广，已知几个大中型矿床主要集中在东部地区。

代表矿点：

查夫铅锌银矿

查夫铅锌银矿位于东方省（Dornod），在省会乔巴山城东北120公里。矿石中含铅金属量22.62万吨，品位6.487％；含锌金属量12.33万吨，品位3.53％；含铜金属量5600吨，品位0.16％；含银金属量88.199吨，品位254克／吨。该矿床目前由中铁资源开发。

乌兰铅锌矿

乌兰铅锌矿位于东方省乔巴山西北。潜在资源量锌78.24万吨，品位2.0％；铅42.45万吨，品位1.09％；银2062.00吨，品位53克／吨，金8159.90吨，品位0.21克／吨。该矿床目前由中铁资源开发。

图木尔廷敖包锌铁矿

图木尔廷敖包锌铁矿位于东部苏赫巴托省进内。储量为锌75万吨，镉1770吨。平均品位为铁17％，锌9.9％～13.1％，镉 0.024%。目前由中国有色金属开发。

铁：根据 2012 年披露的最新数据，蒙古国铁矿石储备总量约为 7.26 亿吨，其中已探明储备量 4.38 亿吨，预测储备量 2.88 亿吨。蒙古国有 300 多个铁矿矿点，主要有含铁石英岩型和矽卡岩型两大类。按区域分布，可划分为三大成矿区、五大成矿带，其中以东蒙古地区北部地块内的铁矿最为重要。

萤石：蒙古国萤石资源丰富，储量 2000 万吨，居世界第三位。萤石资源主要集中在中东部的肯特省、中戈壁省和东戈壁省。最重要的矿床是肯特省的博尔温都尔，它是蒙古国最重要的萤石生产基地。其他主要矿床包括位于肯特省的温都尔汗和中戈壁省的楚鲁特查干德勒等。

（2）森林资源

蒙古国森林资源丰富，主要分布于肯特、库苏古尔、杭盖、蒙古阿尔泰、汗呼赫山脉地区。森林面积为 15.30 万公顷；其中森林覆盖区为 1.9 万公顷，约占领土总面积的 9.4%。蒙古国森林的 72% 为落叶松，11% 为雪松，6% 为松树，其余为桦树、杨树、红杨树等。木材总蓄积量为 12.77 亿立方米。

（3）动物资源

蒙古国有辽阔的国土，分为森林、草原、荒漠地带。各地带的野生动物种类和数量各不相同，具有捕猎价值的将近有 60 种哺乳动物、50 多种鱼类、90 种鸟类。有捕猎价值的哺乳动物中 70% 为毛皮动物。

特别提示

★ 蒙古国煤、铜、铁等矿产储量丰富，但囿于资金、技术等限制，开发程度相对有限。为促进经济发展，蒙古国实施"矿产兴国"战略，鼓励外资进入。中国矿产资源需求巨大、资金充裕、矿产开采技术及装备制造发达，双方在矿产开采与贸易领域合作空间巨大，目前近半数的中资企业在蒙古国从事矿产领域的投资经营。

★ 在蒙古国狩猎法中，对各类猎物的狩猎时间都有明确规定，其目的是为了避开兽类、鱼类的繁殖期和保证皮毛等具有经济价值猎获物的有效利用。

★ 蒙古国属于世界上水资源较缺乏的国家之一，其每平方公里的平均水资源仅为约2.2万立方米，处于世界平均水平之下。近年来由于连年干旱，蒙古国的缺水情况出现逐年恶化的趋势。

二 基础设施

1 重要交通设施

（1）公路运输

蒙古国现有公路总里程 49250 公里（2012 年数据），分为三类：由政府部门即交通运输部负责的国家级公路（包括连接首都与各省会、各省会之间、国家边界口岸和中央居住区的公路）、地方公路、单位自用路。截至 2012 年底，国家级公路总里程为 11218 公里，其中仅 1/4 为柏油路面。2014 年，蒙古国公路运输货物运量约为 3764 万吨，运送旅客 3.42 亿人次。蒙古国分别与中国和俄罗斯设有多个边境口岸，公路连接，通关较为便捷。目前中蒙两国间共有 12 个公路口岸。

（2）铁路运输

蒙古国仅有乌兰巴托铁路（中蒙俄国际联运铁路"北京—二连浩特—扎门乌德—乌兰巴托—莫斯科"在蒙古国境内段线）一条铁路，全长 1811 公里，承担了全部的铁路货运和客运运输需求。铁路年运输能力约为 2200 万吨。2014 年，蒙古国铁路运输货物量约为 2112 万吨，其中国内运量 1057 万吨，出口运量 619 万吨，进口运量 229 万吨，过境运量 207 万吨。2014 年蒙古国铁路运送旅客 330.58 万人次，其中国内旅客 315.19 万人次，国际旅客 15.39 万人次。

由于铁路设备和技术老化，再加上蒙古国采用宽轨标准，增加了中蒙间铁路运输的成本，制约了蒙古国经济，尤其是矿产品出口的发展。为解决铁路领域面临的主要问题，2010年初蒙古国国家大呼拉尔通过22号决议，制定了国家铁路网拓展远景规划，计划修建以下铁路：①戈壁地区铁路线；②东部区铁路线；③西部区铁路线；④铁路网横线。规划线路总长5683公里，其中部分铁路已开始建设。

2014年10月，蒙古国国家大呼拉尔首次通过决议，与中国邻近的两段铁路将采用与中国相同的标轨，以提高其第二大出口商品煤炭运输至其最大消费国的便利性。蒙古国正考虑建设一条新的、绕过俄罗斯的铁路通往欧洲。

（3）航空运输

蒙古国设有民航总局，有MIAT、Aero Mongolia等多家航空公司营运国际航线和国内航线。2014年，航空运送旅客67.22万人次，同比下降0.6%；运输货物约4000吨，同比增长13.6%。乌兰巴托布彦特乌哈国际机场（也称为成吉思汗国际机场）是蒙古国最大机场，由于机场南部和东部山丘环绕，只能单向起降，受气候影响较大，春冬季飞机晚点率较高。2013年，蒙古国正式破土动工兴建新国际机场。新机场位于中央省色尔格楞苏木，距首都乌兰巴托西南约54公里，建成后年客流量将达到200万人次，计划于2016年底启用。此外，蒙古国境内还有22座不同规模的机场，分布于西部、杭盖、中部和东部地区。

目前，乌兰巴托可以直飞中国北京、上海、呼和浩特、二连浩特、海拉尔、香港等城市，此外还拥有飞往莫斯科、柏林、东京、大阪、首尔和曼谷等地的航线。

蒙古国 1989 年加入国际民用航空组织。根据国际民用航空组织每年对成员方进行的航行安全风险评估，蒙古国全球排第 15 位，亚洲排第 5 位。

（4）电力设施

蒙古国的电力供应主要由中部、西部、东部区的电力系统组成。截至 2012 年，全国 21 个省、318 个县已全部接入中央电力系统，其中 15 个苏木是由新能源和其他混合能源提供电力。全国现有电力装机容量为 106 万千瓦。2014 年，蒙古国电力系统共生产电力 50.195 亿千瓦时，同比增长 4.24%。

蒙古国虽然煤炭资源储量丰富，但国内电力基础设施建设和配套较为落后，目前电力仍不能自给自足，部分电力要从俄罗斯和中国进口。2014 年蒙古国共进口电力 13.492 亿千瓦时，共计 1.3 亿美元。

在世界银行和荷兰政府的支持下，蒙古国政府从 2000 年开始在牧区推行"10 万个太阳能蒙古包"供电方案，目前已经有超过 50 万的人口（包括蒙古国一半的农村人口和 70% 的牧民）用上了太阳能电力。

2　重要通信设施

（1）通信设施

蒙古国电信业发展很不平衡，在首都及几个大城市，固定电话和移动电话、宽带及相关业务相对普及，但在偏远地区，很多地方通信网络仍未覆盖。在通信领域，蒙古国共有300多家企业单位提供30多种服务。主要的电信供应商包括：Mobicom、Gmobile、Skytel、Unitel、Mongolia Telecom。目前，蒙古国通信基础设施包括7500多公里光缆网、2500条数字无线电话线、220多个卫星通信VSAM站、30000多条空架线，已经建成连接21个省会的光缆线，仅乌兰巴托地下光缆就长达300公里。

2014年，蒙古国通信产业总产值共计7402.9亿图格里克（约合4.07亿美元），同比增长17.3%。截至2014年，蒙古国固定电话网线共22.6万条，有线电视用户共36.1万个，移动电话用户共497.2万个，互联网用户共186.3万个。

蒙古国计划到2015年实现通信网络覆盖全国60%的人口和50%的领土范围。下一阶段发展战略目标是：继续建设和推广更先进、更便捷、更廉价的通信媒体网络；将通信媒体技术应用于环境监测、国防安全、紧急情况处理等各领域；2021年实现固定和移动通信网络覆盖全国95%的领土和全体国民。

（2）互联网设施

目前，乌兰巴托市内WiFi无线网络覆盖率较高，公共汽车、主要街区及一般餐厅和商场等均提供免费无线网络服务。

特别提示

★ 无论是公路还是铁路建设，蒙古国都落后于经济发展水平相近的国家。蒙古国政府通过发行专项债券、向国际银团借贷等方式筹集资金，加强基础设施建设。2010年蒙古国议会通过《国家铁路运输领域建设规划》，提出分阶段建设5683公里新铁路计划。中国基建领域技术成熟、具有较强的成本优势且存在一定程度的富余产能，双方在公路、铁路建设领域具有较大的合作空间。

★《蒙古国千年发展目标整体发展政策》中制定了电力、燃料领域第一阶段发展目标：建设小型煤炭火力发电站和中、大型煤制油、煤制气等煤化工工业园区；第二阶段建设大型清洁型煤炭火力发电站。作为煤炭资源大国，中国在火力发电站建设、煤化工等领域拥有成熟技术，双方在电力相关行业的合作前景广阔。

三 国民经济

1 宏观经济

（1）概述

20世纪90年代伊始，蒙古国实行私有化改革，经过20多年的"阵痛"，蒙古国经济开始复苏并呈现较快增长态势。2010年，在国际市场矿产品价格不断升温的影响下，蒙古国经济快速复苏，实现国内生产总值增长6.1%。随着全球金融危机影响的逐渐减弱，全球矿业走出低谷，国际市场矿产品价格在高位运行，蒙古国"矿业兴国"战略显现成果，同时拉动了相关产业和基础设施建设发展，2011年、2012年蒙古国经济出现了前所未有的迅猛发展势头。但受内外部因素影响，2013年蒙古国国内生产总值增长11.7%，增速明显放缓。

据蒙古国统计局的数据，2014年蒙古国经济增速继续高位回落，从2012年的12.3%和2013年的11.7%回落至7.8%。按年平均汇率（月均汇率平均值）计算，2014年，蒙古国名义GDP折合120.16亿美元，同比下降4.2%，人均名义GDP约为4059美元，同比下降5.2%。

2012年，蒙古国国内批发零售销售总额48678亿图格里克，其中批发额34196亿图格里克，零售额14482亿图格里克，同比分别增长12.3%和77.8%。

世界经济论坛《2013~2014年全球竞争力报告》显示，

蒙古国在全球最具竞争力的148个国家和地区中排名第107位。

蒙古国政府根据联合国"千年发展目标"制定的2007~2021年发展总体规划目标是：2007~2015年实现经济年均增长14%，人均GDP不低于5000美元，为经济快速发展打好基础；2016~2021年经济年均增长不低于12%，人均GDP不低于1.2万美元，进入世界中等收入国家行列。蒙古国政府提出，将大力发展蒙古国经济，在今后8年内使每年的经济增长率保持在14%~15%。

（2）国际收支

2014年1~12月，蒙古国与全球139个国家或地区有贸易往来，蒙古国对外货物贸易总额为110.112亿美元，同比增加3.85亿美元，增幅为4%。其中，出口总额为57.746亿美元，同比上升15.055亿美元，增幅为35.3%；进口总额为52.366亿美元，同比下降11.212亿美元，降幅为17.6%；实现贸易顺差5.38亿美元。

（3）外债

2013年，蒙古国政府外债规模达189亿美元，相当于当年国内生产总值的156.8%。其中，政府债务42.56亿美元，私人企业和银行部门债务146.44亿美元。债务包括向国际组织、其他国家政府借贷，在国际债券市场上发行的15亿美元"成吉思"债券（5年期5亿美元，10年期10亿美元）和2.9亿美元"武士"债券（10年期）等。国际货币基金组织2013年11月发布蒙古国债务报告，认为蒙古国目前债务面临中等风险，但若继续执行扩张性宏观经济政策，则可能会被评定为债务高风险等级。2014年7月,美国穆迪公司对蒙古国的主权债务评级降为B2,前景为负面。

(4)财政收支

2014年,中央财政收入为62234亿图格里克,财政支出为70314亿图格里克,年度财政赤字为8080亿图格里克,相当于2013年财政赤字的3倍多,也基本可以确定突破了该国《财政稳定法》的将年度财政赤字控制在国内生产总值2%以内的强制性要求。需要注意的是,这还不包括预算外蒙古发展银行支出和担保的部分。根据惠誉的最新分析,至2014年底,蒙古国的公共债务水平已上升至GDP的59%,远超同类国家43%的平均水平。

可以说,蒙古国政府财政目前面临的形势相当严峻。在财政收入增长大幅低于预期的情况下,政府的大部分支出却是刚性的,导致政府财政状况进一步恶化。

目前,蒙古国政府债务压力整体较大,债务比例已经接近GDP总额的40%。与此同时,为了加快矿产发展、完善基础设施建设、改善民生,未来外债依然会逐渐加大。基于每四年举行的选举会导致政策出现反复,且采矿业如果不能及时走出困境,将会极大影响蒙古国政府财政收入,其偿债能力可能会出现一定问题。

2008~2013年蒙古国宏观经济数据见表1。

表1 2008～2013年蒙古国宏观经济数据

主要指标	数　值					
	2008年	2009年	2010年	2011年	2012年	2013年
实际GDP（亿美元）	29.6	29.1	60.8	78.8	103.3	115.4
人口（百万）	2.683	2.737	2.755	2.834	2.869	2.931
人均GDP（美元）	1921	1552	2470	2781	3482	3937
外贸总额（亿美元）	57.79	40.34	61.77	114.2	111.2	106.3
外汇储备（亿美元）	6.567	11.45	20.9	24.57	36.29	11.93
外债余额（亿美元）	16.05	18.6	20.6	22.2*	48.4	
中央财政收支（亿美元）	-2.36	-2.3	0.016	-4.6	-8.33	-1.77
通货膨胀率（%）	22.1	4.2	13	9.2	14.3	10.5
汇率（美元/本币）	1267	1442	1358	1374	1396	1675

注：*为估计值。
资料来源：蒙古国国家统计局、世界银行、亚洲开发银行、国际货币基金组织报告。

2　贸易状况

（1）贸易发展

蒙古国的现代经济几乎完全与对外经济贸易发展相联系，蒙古国现在的经济支柱——中央动力系统、额尔登特采矿选矿联合公司等，都是在苏联的援助下兴建的。蒙古国绝大多数的国民收入和财政收入来自对外经济贸易，且由于蒙古国的经济结构比较单一，国内的生活和生产严重依赖于对外贸易。

（2）贸易伙伴

2013年，蒙古国共与135个国家和地区开展了贸易活动。主要贸易伙伴有中国、俄罗斯、加拿大、韩国、日本、美国、德国、英国。

（3）贸易结构

蒙古国出口的主要商品是矿产品、纺织品、生皮、熟皮、畜毛及其制品、珍珠、宝石、贵金属、文化用品等。进口的主要商品是机电商品及其零配件、能源产品、公路、航空及水路运输工具及其零件、纺织品、化学及化工产品、植物产品及食品、钢材及其制品等。

2014年全年，蒙古国对外煤炭出口量为1949.91万吨，同比增长6.1%；销售收入为8.49亿美元，同比下降24.3%。铁矿石出口量为632.44万吨，同比下降5.9%；销售收入为4.46亿美元，同比下降31.8%。铜精粉出口量为137.81万吨，同比增长110%；销售收入为25.74亿美元，同比增长高达170%。原油出口量为688.51万桶，同比增长31.3%；销售收入为6.35亿美元，同比增长23.1%。黄金出口量为10吨，同比增长32.8%；销售收入为4.05亿美元，同比增长30.8%。同期，蒙古国进口汽油41.60万吨，同比增长9.4%；共计支出4.25亿美元，同比下降3.2%；进口柴油68.59万吨，同比下降12.3%；共计支出6.56亿美元，同比下降25.5%；进口汽车

4.12 万辆，同比下降 7.7%；共计支出 2.89 亿美元，同比下降 22.5%；进口卡车 1.25 万辆，同比下降 30.5%；共计支出 1.08 亿美元，同比下降高达 64.9%。进口电 13.492 亿度，同比增长 12.9%；共计支出 1.3 亿美元，同比增长 15.2%。

（4）辐射市场

蒙古国于 1996 年加入华盛顿"解决投资争议公约"，1997 年加入世界贸易组织，1999 年成为首尔"关于成立投资多边担保机构公约"成员，同时也成为世界银行多边投资担保组织成员。目前，蒙古国政府与 39 个国家签订了"避免双重征税协定"，与 39 个国家和地区签订了"相互促进和保护投资协议"双边条约。欧盟给予蒙古国 7200 种商品"GSP+ 优惠"政策。蒙古国政府已与日本进行自由贸易协定谈判，并向美国提出了商签自由贸易协定的请求。

（5）贸易主管部门

蒙古国主管贸易的政府部门是原经济发展部，该部已被并入财政部。

（6）贸易法规体系

蒙古国与贸易相关的主要法律有《投资法》《海关法》《关税法》《特别税法》《增值税法》《公司法》等。

（7）贸易管理的相关规定

蒙古国的出口需要许可证，由政府主管部门审查出口合同、计划，签发许可证。

蒙古国规定，自 1995 年 2 月 16 日起，凡通过航空与铁路进入蒙古国境内的进口货物均需持有货物清单。采取这一措施的目的是为了使进口管理与国际通行做法接轨，同时保障海关的检查，减少运输工具在边境口岸的滞留。

根据蒙古国《通过禁止出入境和非关税限制商品列表》，国家禁止麻醉品及使用、生产麻醉品的工具，麻醉植物出入境（医用麻醉品、植物的进口根据主管卫生的中央行政机关的批复放行），禁止各类酒精入境。

蒙古国限制出口铀矿石及其精粉，种畜、牲畜、动物精液胚胎、微生繁殖物，野生动物及其原料产品，与野生动物有关的研究用标本，普通历史文化纪念品及用于动物、植物、矿物研究和解剖学、考古学、古生物学、种族学及钱币研究的采集品和收藏品；限制临时出口历史、文化珍贵纪念品；限制进出口必须监控的医疗、预防用器官，捐助血，剧毒化学品，枪支、武器，作战用品、装备及其配件、设备，爆炸品。

（8）海关管理的相关规定

蒙古国海关管理的主要依据是《海关法》和《关税法》。进口商品的海关税率分为一般税率和特别优惠税率，一般税率是特别优惠税率的两倍。

蒙古国主要使用关税和非关税两种基本手段在世界贸易组织的框架内协调外贸政策。从 1999 年 7 月 1 日开始，除 1996 年与世界贸易组织商定的 9 种零关税商品外，对其他所有进口商品均征收 5% 的关税。

3 投资状况

（1）外国投资状况

联合国贸易和发展会议发布的2014年《世界投资报告》显示，2013年，蒙古国吸收外资流量为20.5亿美元；截至2013年底，蒙古国吸收外资存量为154.7亿美元。2014年，蒙古国获得的外国直接投资规模回落到2008年的6亿美元水平，原因是2012年蒙古国通过《限制外国投资法》，重创投资者的积极性，矿业开采陷入停滞，OT项目二期融资卡壳。

外国公司在蒙古国主要投资领域有地质矿产勘探开采（包括石油）、房地产开发、贸易、餐饮等。

（2）投资环境

从投资环境吸引力角度看，蒙古国的竞争优势有：矿产资源丰富、经济增长前景良好、市场化程度较高。

蒙古国投资环境存在以下问题。

一是政府投资政策的连续性较差。蒙古国每届政府新成员上任，对上届未实施的决议要重新审议，这为中资企业来蒙古国投资增加了不确定性。

二是基础设施较差。来蒙古国投资建工厂或矿山开发，相关道路、水电、通信等均需投资者自行解决。

三是非经济的人为因素，如个别政府官员腐败、效率低下等。

四是蒙古国在资源开发方面不愿单纯出口原材料，主张深加工和附加值高产品出口，为此，需要外资企业的技术支持。

（3）投资管理

蒙古国主管外国投资的政府部门是外国投资局，受总理直接领导，负责吸引外国投资并提供投资咨询及宣传服务等。外国投资局的职责有：落实和监督《投资法》的实施，起草投资政策及扶持投资措施提交政府做出决定；对外国投资者与本国国有资产法人在矿业、金融、新闻通信领域开展合资经营活动的蒙古国法人总股份占比达到33%或以上的进行审批；负责提供央行、劳动、税务、海关、社会保险、注册登记、外国公民事务管理等国家机关半年、全年关于投资来源及数量、纳税情况、工作岗位数量、外国公民居住许可、外国投资企业数量、以进口产品和服务形式的投资数量等投资信息，并发布投资统计数据。

（4）投资政策

第一，扶持投资。

蒙古国自2013年11月1日开始实施《投资法》，鼓励外商投资。根据该法，对投资者提供的扶持由税收和非税收两种方式组成。

蒙古国政府向投资者提供免税及减税的税收扶持；加速核减纳税收入中的折旧费；从未来收入中核减纳税收入中的亏损；纳税收入中核减员工培训费用。下列情况下免除进口机器设备在安装过程中的关税并可将增值税税率降至0：建设建材、石油、农牧业加工和出口产品的工厂；建设包含纳米技术、生物技术和科技创新产品的工厂；建设电厂及铁路。此外，还可按税法调整对投资者提供的上述两大类扶持。

蒙古国政府按下列形式对投资者提供非税收扶持：允许以合同占有、使用土地最长60年，并可按原有条件将该期限再延期40年；向自由贸易区、工业技术园区经营的投资者提供扶持，简化注册登记和检验通道手续；扶持基础设施、工业、科技、教育建设项目，增加引进外国劳务及技术人员数量，免除岗位费，简化相关许可的审批；扶持科技创新项目的融资，向生产出口型创新产品的融资提供担保；依法向在蒙古国投资的投资者及其家人发放多次往返签证及长期居住许可；等等。此外，还可按《土地法》、《自由贸易区法》、《工业技术园区地位法》、《科技创新法》和《劳务输出与劳务及技术人员输入法》以及其他相关法律调整对投资者的非税收扶持。

第二，稳定税收比例。

为增强外国投资者信心，蒙古国《投资法》规定稳定税收比例（税率），向符合条件的投资者颁发稳定证书，在稳定证书有效期内稳定下列税费的课征率：企业所得税、关税、增值税、矿产资源补偿费。

投资法人在蒙古国实施的项目如完全符合下列条件则向其颁发稳定证书：商业计划、可行性研究规定的投资总额达到规定的额度；依法通过自然环境影响评估；创造稳定的就业岗位；推广新技术工艺。但是，对生产、进口、销售烟和酒精饮料的经营行为不颁发税率稳定证书。

（5）投资法律法规

蒙古国与投资合作相关的主要法律包括《投资法》《公司

法》《矿产法》《劳动法》等。

《投资法》：2013年11月1日正式实施。根据该法，外国国有企业投资蒙古国矿业、银行、通信及新闻媒体等行业，控股比例超过33％，经蒙古国政府主管部门审批即可，无须再提交议会审批。

《公司法》：1991年7月1日生效。其法律宗旨是协调蒙古国境内企业的设立、登记、终止、撤销活动，明确企业领导机构、成员、权利、义务、责任。

《矿产法》：2006年7月8日，蒙古国国家大呼拉尔讨论通过了新的《矿产法》。2014年4月，蒙古国矿产部向大呼拉尔主席提交了《矿产法》修订草案。《矿产法》修订草案主要包括两大要点：一是恢复发放新勘探特别许可证，以解决当前矿证转让市场混乱的问题；二是建立健全长期、稳定的矿产领域投资开发法律体系。目前，该草案正在审议中。

《劳动法》：1999年5月14日正式颁布实施。本法的宗旨是，明确在劳动合同的基础上，参与劳动的职工与雇主的共同权利、义务；明确集体合同、协议、劳动个体和集体纠纷；明确劳动条件、管理、监督及违法者应负的责任，以保障各方的相互平等。投资者可以不通过职业介绍机构自行雇用工人，但条件是必须符合蒙古国《劳动法》。对于某些工种，蒙古国法律要求，只要蒙古国公民可像外国人一样完成任务，公司须雇用蒙古国居民。这项法律一般适用于非技术工种，而不适用于高技能岗位。

(6)投资行业规定

根据蒙古国《投资法》，除蒙古国法律法规禁止从事的生产和服务行业以外，都允许外商投资。蒙古国法律明确禁止的行业是麻醉品、鸦片和枪支武器生产等，除此之外没有其他禁止投资的行业。

蒙古国目前没有特别针对行业的鼓励政策，但是在税收稳定等方面，对矿业开采、重工业、基础设施领域有一定的政策倾斜。

(7)投资方式规定

外国投资者（包括外国法人和自然人）可进行以下种类的投资：自由外汇、利润再投资（可以是投资所得的收入）；动产和不动产及与其相关的财产权；知识与工业产权。

在蒙古国的外国投资可按下列方式实施：投资者单独或与其他投资者合作成立企业；投资者购买股票、债券和其他有价证券；通过并购、合并公司的方式进行投资；签署租让权、产品分成、市场营销、经营管理合同和其他合同；融资租赁和专营权形式的投资；法律未禁止的其他形式。

【经营者集中反垄断审查】蒙古国《竞争法》规定，具有支配地位的商业实体意图通过合并、兼并或收购20%以上普通股或50%以上优先股的方式，改组与其在市场上销售同一产品或合并、兼并了相关商业实体的竞争企业，需要向蒙古国公平竞争和消费者保护局申报。具有"支配地位"是指一个商业实体单独或与其他商业实体或关联企业共同在相关产品市场上生产销售的市场份额超过三分之一。公平竞争和消费者保护局审查认为交易将对经济环境产生限制竞争影响的，可以否决交易，注销已经完成的企业。但如果能够证明交易本身给国家经济带来的利益超过对竞争的损害，该交易将不被否决。2012年9月3日，中国铝业对南戈壁公司的收购就因来自蒙古国政府的阻力而失败。

【案例】中资企业在蒙古国并购受阻

2012年4月4日，中国铝业拟出资不超过10亿美元，向艾芬豪矿业等股东收购其持有的不超过60%但不低于56%的南戈壁公司普通股，以推进公司煤铝业务整合。南戈壁公司注册于加拿大，在蒙古国境内接近中国边境的位置拥有煤炭资源，主要业务是对这些煤田进行勘探和开发，并向中国供应煤炭产品。2012年4月17日，蒙古国矿产部出于国家安全考虑，宣布暂停由南戈壁的附属公司拥有的若干许可证的勘探及开采活动；2012年5月17日，蒙古国大呼拉尔通过《关于外国投资战略领域协调法》（蒙古国2013年新《投资法》出台废止了该法），矿产资源被确定为战略性意义的领域，因此外国投资者及其利益相关方和第三方签订股份买卖或转让协议，需通过在蒙古国注册企业向蒙古国政府提出申请；外资参股超过49%需由政府提交国家大呼拉尔讨论决定。由于蒙古国政府的反对，在连续两次延期之后，中国铝业无奈于2012年9月3日宣布其对南戈壁公司股份的收购失败。

【开阔视野】BOT/PPP 方式

近年来，蒙古国政府积极推动在"公私合作伙伴关系（Public Private Partnership，PPP）"框架下的项目建设，推动公共部门和私营部门间合作，为蒙古国道路、电力等基础设施建设创造条件。

2009年10月，蒙古国政府出台"公私合作伙伴关系"国家政策，鼓励私营部门参与各领域项目建设。2010年1月，蒙古国议会通过《特许经营法》。政府设立创新和公司合作局，专门负责特许经营项目实施协调等。目前，蒙古国议会先后批准数十个特许经营项目，但目前蒙古国缺乏已建成并投入运营的特许经营项目案例，且许多已获批项目进展速度不一。部分项目因蒙古国政府当前财政困难或缺少经济可行性等进度受阻，因此中资企业赴蒙古国参与特许经营项目时，要做好项目相关调研，特别注意风险把控。

目前蒙古国正在实施的 BOT 项目包括那林苏海图—锡伯库伦50公里公路项目等。那林苏海图—锡伯库伦公路由 RDCC 有限责任公司承担，特许经营年限共17年。

目前，蒙古国已签署特许经营合同的 BOT 项目包括图勒门100万千瓦电厂，由 New Asia Group 有限责任公司承担，特许经营年限共22年；阿勒坦布拉格—扎门乌德997公里快速路项目，由Chinggis Land Development Group有限责任公司承担，特许经营年限为28年。2015年4月，中国核工业第二建设有限公司代表和蒙古国外国投资局局长分别代表双方签署项目特许经营合同。根据合同相关内容，中国核工业第二建设有限公司将在乌兰巴托市巴格诺尔区以建设—运行—移交（BOT）模式承建70万千瓦燃煤电站，特许权期限为25年。

4　货币管理

（1）货币

蒙古国货币为图格里克（ISO编号为MNT），在蒙古国的任何金融机构、兑换点，与美元、欧元、人民币可随时互相兑换。

近年来，由于蒙古国经济形势严峻，财政收入大幅减少，贸易逆差持续增加，矿产品销售不畅，图格里克贬值幅度大幅增加，汇率约为1元人民币兑换320图格里克（2015年8月4日汇率）。

（2）外汇储备

2013年蒙古国矿产品出口的大幅减少造成其外汇储备减少，本国货币贬值幅度较大。截至2014年1月末，蒙古国外汇储备仅为24.46亿美元，同比下降40.1%。蒙古国经济环境逐渐恶化,经济下行压力较大,外国投资者纷纷撤资,本币图格里克大幅贬值和外汇储备下降的趋势将持续。

(3) 外汇管理

蒙古国实行自由外汇管理体制。根据蒙古国《外汇法》,国家大呼拉尔负责管理外汇和批准年度综合计划部分的国家外汇预算。财政部根据国家外汇预算和推算出的外汇收入制定各部门的外汇分配计划,中央银行蒙古银行是蒙古国外汇管理的主要协调机构,确保分配的顺利完成。各商业银行在蒙古银行的授权下可从事外汇交易。

目前,蒙古国依然没有关于外汇管制的法律法规,大额资金进出相对自由,只需要按照不同商业银行内部规定进行业务操作即可。在蒙古国注册的外国企业可以在蒙古国的银行开设外汇账户,用于进出口结算。一年中,在外汇用完时,可动用临时性可使用外汇资源进行追加分配。国家对个人和企业的外汇使用和存储不加限制。另外,外国人为旅游和商业目的,可按官价限量购买外汇。外商获得的出口收入和从国外汇来的外汇可以在指定银行开立外汇账户,存取和使用不受限制。大量外汇进出蒙古国需要到海关部门申报。

出口收入管理:蒙古国实行外汇上缴与外汇留成制度。企业和合作社根据国家出口指标所获得的没有超过指标的外汇收入,一般要全部上缴国家;超过指标的外汇收入可全部保留。没有出口指标的企业和合作社,可分别保留其出口收入的50%和90%。旅游机构的外汇收入必须上缴40%,国际航空公司上缴90%。上缴的确切比例由财政部依据以上比例逐项做出具体规定。个体出口商可保留全部外汇收入。留成外汇可存入外汇账户，符合有关规定的使用不受限制，也可通过协商出售。在蒙古国从事经营活动的外国投资者，在缴纳相应税赋后，有权将个人所得、股份红利、出售财产和有价证券所得直接汇往国外。

非贸易收支管理：外汇预算也适用于可兑换货币区域的非贸易收支。蒙古国学生或公民出国旅游，可按官价限量购买外汇。蒙古国公民用于国外医疗的外汇必须逐项审核。目前不允许将外汇用在与商品贸易无关的非贸易支付方面。

（4）利率

2013年上半年蒙古国央行连续四次下调基准利率，调整幅度为历年之最，由年初的13.25%连续下调至10.5%。债券回购利率也由17.25%下调至11.0%。但蒙古国央行利率调控工具的实际效果较为一般，市场流动性依然较为紧张。2014年第一季度，蒙古国央行宣布维持10.5%基准利率不变。

5 税收体系

（1）概述

蒙古国的国家税收体制由税、费和使用费组成。纳税人是指依法拥有纳税收入、资产、特定权利的或占用资产的公民、企业、机构。蒙古国实行的是属地税法。

蒙古国的税收分为国家税收与地方税收。国家税收包括企业、机构的所得税，关税，增值税，特别税，汽油、柴油燃料税，矿产资源使用费。地方税收包括个人所得税，枪支税，首都城市税，养狗税，遗产、礼品税，不动产税，印花税，水源使用费，汽车运输及其他交通工具税，矿产之外的其他自然资源使用许可费，自然植物使用费，通用矿产使用费，狩猎资源使用费，狩猎许可费，土地使用费，木材使用费。

（2）企业所得税

企业所得税纳税人分为在蒙古国长期居住和不在蒙古国居住的纳税人。在蒙古国长期居住的纳税企业包括：按蒙古国法律创办的企业；领导机关在蒙古国的外国企业。不在蒙古国居住的纳税企业包括：通过代表处在蒙古国开展经营活动的外国企业；在蒙古国以其他形式获得收入的外国企业。依法确定的应纳税年收入额在 30 亿图格里克以下的按 10% 课征所得税；年收入在 30 亿图格里克以上的，其超出部分按 25% 课征所得税。对纳税人的下列收入按以下比例课征所得税：分成收入按 10%；权益提成收入按 10%；销售不动产所获收入按 2%；利息收入按 10%；权利转让收入按 30%。

（3）个人所得税

个人所得税纳税人是指在税务年度已获得应课税收入的，或虽未获得这样收入但有义务按法律规定缴纳税收的在蒙古国居留的人、蒙古国公民、外国公民、无国籍人士，分为在蒙古国长期居住和不在蒙古国居住的纳税人。所得税按依法确定的年收入的 10% 计缴。

(4) 增值税

在蒙古国境内经营进、出口商品业务以及生产销售和提供服务、完成劳务的公民、法人为增值税纳税人，也适用于在蒙古国境内销售商品和完成劳务、服务收入达到1000万图格里克或以上的外国法人代表机构。其增值税税率为10%。

特别提示

★ 从表面上看，蒙古国税率水平较低，有助于降低企业在当地的运营成本。但是在实际运营过程中，政府行政效率低下、腐败较为盛行，外商投资风险和企业运营成本并不低。

6. 用工环境

（1）当地大学概况

蒙古国共有183所大专院校，其中公立大学48所，私立大学128所，另有7所外国大学。根据政府之间的协议，获得中国政府奖学金到中国留学的学生为每年180人。

蒙古国立大学是蒙古国排名第一的高等学府，是蒙古国最早建立的综合性大学，是蒙古国社会科学、自然科学研究的中心。学校开设学士、硕士、博士课程。在蒙古国，每三个受过高等教育的人就有一个毕业于该校。

蒙古科技大学（Mongolian University of Science and Technology，MUST) 是蒙古国排名第二的综合性大学，总部位于蒙古国首都乌兰巴托市，在达尔汗市、额尔登特市、前杭盖省和苏赫巴托尔省设有分校。由17个学院和3个研究所以及36个实验和技术中心构成。

（2）常用招聘方式

蒙古国没有系统的校园招聘，主要通过人才市场进行就业选择。国家劳动服务、研究和信息中心以及青年劳动交易所是当地最有名的两个人才市场。企业的招聘信息主要通过报纸、网站、社交平台等媒体进行刊登。此外，还有一些人事服务机构，类似于中国的猎头公司，为企业提供包括人才招聘、培训等在内的人事服务，但这些机构普遍规模较小，服务质效难以把握。

（3）择业偏向

当地人的择业偏向主要包括：大型民企、公务员、外资企业、国企、自己创业、去国外打工（主要前往日本和韩国从事技术等级较低的工作）。蒙古国当地岗位流动性较大，人才在决定就业时，除职业发展前景外，当期薪酬水平也是极为重要的决定因素。

特别提示

★ 蒙古国本土失业率较高，为限制外国人在蒙古国工作，蒙古国实行严格的劳务许可制度，对各个外资企业都进行了配额管理。2014 年，蒙古国劳动部共为 300 多家中资企业配发了 20000 多个劳工名额。

★ 蒙古国法律还规定，企业雇用外国员工需要缴纳高额的岗位费。外籍员工岗位费是蒙古国最低工资的 2 倍，目前为 28.08 万图格里克，矿业领域外籍劳务岗位费为蒙古国最低工资的 10 倍，即 140.4 万图格里克。外交机构、领事代表处和国际机构代表处雇用的外国员工，教育科技领域的外国专家、技术人员，以及根据政府间相关协定聘请的专家和工作人员不缴纳岗位费。缴纳、减免岗位费由蒙古国政府决定。

★ 蒙古国《输出劳动力和引进外国劳动力、专家法》规定，在蒙古国雇用外国劳动力和专业技术人员需要向当地劳动部门提出申请，经政府主管部门审核后颁发劳务许可。一般劳务许可的有效期为 1 年（实际操作中，无论何时申请，有效期都到本年度 12 月 31 日终止）。如需要延期，需由雇主向有关部门提出申请。

四　产业发展

1　概述

蒙古国的主要产业为矿业、农牧业、交通运输业。按生产法核算，2014年，蒙古国名义国内生产总值（按当期价格计算）共计21.94万亿图格里克（约120.68亿美元，按2014年蒙古国央行指导汇率算数平均数计算，美元兑蒙图格里克汇率为1:1818。以下同），同比增长14.3%。

2014年，蒙古国工业生产总值共计9.30万亿图格里克（约51.16亿美元），同比增长21.5%，其中矿产业总值6.39万亿图格里克，同比增长22.5%，占工业总值的68.7%；加工业总值2.28万亿图格里克，同比增长19.4%，占工业总值的24.5%；供电、供热和供水总值0.63万亿图格里克，同比增长20.2%，占工业总值的6.8%。

蒙古国在资源禀赋、产业结构等方面与中国互补性较强，双方合作前景较为广阔。蒙古国矿产资源丰富，但囿于制造业基础薄弱，资金、技术有限等因素，开发程度有限。中国矿产资源需求巨大、资金充裕、矿产开采技术及装备制造业发达，双方在矿产开采与贸易领域合作空间巨大。蒙古国交通、电力等基础设施落后，成为制约其经济发展的重要"短板"。而中国在基础设施建设、电力设备制造等领域技术成熟、具有较强的成本优势且存在一定程度的富余产能，双方合作前景广阔。中资企业还可以在以农产品为原料的轻工业，餐饮、旅游等服务业以及水泥、玻璃、门窗等建筑建材行业大展身手。

2　重点产业

（1）建筑业

近年来，蒙古国政府正逐步增加对道路等基础设施建设的投入，基础设施建设处于较快速发展阶段。蒙古国首都乌兰巴托市居民数量急剧增加，人口已接近全国的一半，城市住宅刚性需求迅速增加，住宅建设与销售市场逐渐兴起，建材需求趋旺，建材生产随之大幅增长。

2014年蒙古国建筑业总产值为2.58万亿图格里克，同比增长39.9%。2014年新建住宅面积为189.8万平方米，累计住宅建筑面积为1310.3万平方米，同比增长13.9%。

（2）加工业

蒙古国工业起步较晚，除采矿业和燃料动力工业外，以畜产品为主要原料的轻工业和食品加工业在蒙古国工业部门中占有一定地位，此外还有部分矿产加工业。2014年，加工业总产值为2.28万亿图格里克，同比增长19.4%。

3　特色产业

蒙古国经济以畜牧业和采矿业为主。蒙古国领导人表示，今后蒙古国要"采矿业与农牧业齐头并进，两个支柱产业平衡发展"。

（1）畜牧业

畜牧业是蒙古国的传统产业，是国民经济的基础，也是蒙古国加工业和生活必需品的主要原料来源。蒙古国素有"畜牧业王国"之称。

蒙古国地广人稀，自然条件差、气候比较恶劣。据统计，蒙古国现有牧民家庭20.98万户，牧民28.55万人。畜牧业产值占农牧业总产值的80%，占出口收入的10%。

蒙古国主要饲养羊、牛、马、骆驼。截至2014年底，全国畜存栏量共计约5197.04万头，同比增长15.1%。

2014年，蒙古国主要牲畜产品产量分别为，牛肉共5.47万吨，羊肉（包括山羊和绵羊）共15.33万吨，猪肉共500吨，牛奶共76.54万吨，羊毛产量2.24万吨，羊绒共7700吨。

（2）采矿业

采矿业是蒙古国经济发展的重要支柱产业。蒙古国经济增长过度依赖采矿业，并受制于国际原材料价格波动的影响。采矿业对GDP的贡献达30%，且绝大多数矿产品出口是面向中国。外国对蒙古国投资的八成以上都进入矿业领域。2014年采矿业总产值6.69万亿图格里克，同比增长22.5%。2014年，蒙古国矿产品出口占蒙古国出口总额的比重达83.0%。

目前蒙古国已进行开采且出口产品的大中型矿主要有：奥云陶勒盖铜金矿（OT矿）、塔本陶勒盖煤矿（TT矿）、额尔登特铜钼矿、那林苏海特煤矿、巴嘎诺尔煤矿、图木尔廷敖包锌矿、塔木察格油田等。奥云陶勒盖铜金矿是蒙古国

蒙古国矿山一瞥
图片提供：达志影像

最大的铜金矿，是蒙古国的经济支柱之一，力拓和蒙古国政府分别持有该矿66%和34%的股份；塔本陶勒盖煤矿是当今世界上"最大的未开采煤矿"，矿区煤炭储藏面积达400平方公里，煤层厚度190米，原煤出焦率达60%以上。

（3）农业

　　农业（主要指种植业）并非蒙古国国民经济的支柱产业，但关系国计民生，历来受到政府的重视。私有化以来，由于经济衰退及投入不足，生产力大幅倒退，种植面积和产量锐减，农业从业人口仅6万余人，农业产值约占农牧业总产值的1/4。近年来，蒙古国政府鼓励发展农业，从政策上予以支持，取得了良好的效果。蒙古国的主要农作物有小麦、大麦、土豆、白菜、萝卜、葱头、大蒜、油菜等。目前蒙古国小麦、土豆生产基本可满足国内需求。

2014年,蒙古国农业总产值6420.6亿图格里克,同比增长32.1%。其中,小麦产量48.83万吨,同比增长47.3%;鸡蛋产量7220万枚,同比增长14.2%;土豆产量16.15万吨,同比下降15.7%;蔬菜产量10.49万吨,同比增长2.9%。

(3) 旅游业

蒙古国人口少、地域辽阔,自然风貌保持良好,是世界上少数保留游牧文化的国家之一,旅游业发展前景广阔。每年6~8月是蒙古国的旅游旺季。

2014年,蒙古国酒店业产值共1747亿图格里克,同比增长10.7%;餐饮业总产值共计3261亿图格里克,同比增长2.4%。

特别提示

★ 蒙古国畜牧业发展空间仍然很大。中资企业可凭借技术、资金和市场优势,发挥蒙古国畜牧业的比较优势,在肉、奶、绒及其深加工等方面进行投资。

★ 蒙古国矿产资源丰富,部分大矿储量在国际上处于领先地位。因蒙古国在地质勘探方面缺乏专业队伍,技术装备落后,地质勘探水平总体较低。蒙古国基础设施较为落后,水电资源匮乏,很大程度上也制约了其矿产业的发展。

★ 根据乌兰巴托市统计局2013年的调研与统计,全市的126万人口中，仅有约13万户家庭50万人居住在条件完备的公寓之中，而大约有18万户家庭居住条件简陋，或没有供暖设施，或没有供水与排污设施，仍旧居住在简陋的自建木质住宅或传统的蒙古包，这些居民的聚集区被称为棚户区，这些区域严重缺乏市政公共设施，医院、学校、体育场馆、公交线路不足，城市管理滞后。未来乌兰巴托城市更新及棚户区改造的需求非常巨大。

五　金融体系

1　概述

1990年8月，随着蒙古国经济由中央计划经济体制向市场经济体制转变，蒙古国政府以设立包括私有银行、国有银行在内的多家银行为开端，开始金融体制改革，目前，金融体制已完全实现了市场化。目前，蒙古国政府已经建立了多家银行，并有了初步发展的证券市场、外汇市场以及货币市场。金融体系相对完善，以本币计价的股票市场、公司债券、国家债券、央行票据、银行间同业拆借市场等均较为完备。

2　银行体系

目前，蒙古国已构建起中央银行—商业银行的二级银行体系。中央银行（蒙古银行）的主要任务是制定并执行货币政策，及时调整货币供应；监督商业银行业务经营；组织商业银行间清算；管理国家外汇储备；发行货币；制定财政年度货币管理方针并提交国家大呼拉尔讨论。

2008年以前，蒙古国共有16家商业银行。全球金融危机以来，蒙古国银行业遭遇严重危机。五大商业银行中的ANOD BANK和ZOOS BANK因经营不善，先后宣布破产清算，由蒙古国央行托管并重组。截至2014年末，蒙古国共有13家商业银行，其中1家为国有银行，其余均为私有银行。蒙古国银行业总资产为21.38万亿图格里克。此外，蒙古国还有195家非银行金融机构和159家储蓄信贷合作机构。2011年，蒙古国正式成立蒙古国国家发展银行，这是蒙古国第一家政策性银行。

目前，仅有三家国际多边组织（EBRD、ADB、IFC)以及五家外资商业银行（ING、渣打银行、中国银行、三井住友、东京三菱）在蒙古国开设代表处，无任何外资银行经营性机构。但是，许多蒙古国的商业银行有外国资本，如有日本资本的可汗银行（Khan Bank）等。

3 银行业现状

自2010年以来，蒙古国银行业的发展增长速度十分显著。截至2014年末，蒙古国银行业占金融业资产的96.90%。可见蒙古国金融深化的程度很低。蒙古国银行业的垄断性很高。蒙古国商业银行业务占比见表2。

表2 蒙古国商业银行业务占比（截至2014年12月末）

银行名称	总资产（%）	贷款市场份额（%）
蒙古贸易发展银行	24	23
可汗银行	23	24
郭勒蒙特银行	18	20
哈斯银行	9	11

续表

银行名称	总资产（%）	贷款市场份额（%）
蒙古国家银行	8	8
三大行（此表中前三个银行）统计	65	67
五大行（此表中五个银行）统计	82	86

资料来源：蒙古国中央银行、各行网站信息、Frontier Securities 银行业 2014 年行业报告。

蒙古贸易发展银行(Trade and Development Bank of Mongolia)、可汗银行、郭勒蒙特银行(Golomt Bank)位列前三。截至 2014 年末，蒙古国银行业总资产为 112.50 亿美元（按照美元兑图格里克汇率 1 : 1900 折算）。前三大银行所有者权益合计约为 8.04 亿美元。各商业银行共设有 1401 家分支机构（含清算中心、信用卡中心），银行业从业人员约 15000人。蒙古银行业资产规模较小，且当地商业银行主要客户群为个人客户、中小企业客户，占客户总数的 95%。

商业银行缺乏金融创新，加上蒙古国央行审慎性指标限制以及其自身资本规模限制，产品种类基本集中在传统存贷业务、贸易融资、托管上，其中特色业务主要包括：牧民贷款、自建房贷款、消费品购置贷款等。

蒙古贸易发展银行、可汗银行、郭勒蒙特银行以及哈斯银行的网点分布主要集中在首都乌兰巴托市，同时覆盖像额尔登特、达尔汗、奥云陶勒盖等聚集矿业项目、基建项目的城市。

延伸阅读 蒙古国五大银行介绍

可汗银行在单层银行体制里有着80多年的历史。1991年蒙古国建立双层银行体制，商业运营部分由可汗银行接管。可汗银行是蒙古国第一大商业银行，在蒙古国有530个分支机构，为蒙古70%以上的家庭提供金融服务。可汗银行总部连同管理机构、经营部门、结算中心一起位于首都乌兰巴托市苏和巴托区。该行在乌兰巴托市有5个分行，在各地区有24个分行，每个分行有15～25个结算中心。每个结算中心对该地区15000～16000人口提供金融服务。有2～3个银行工作人员的小机构给客户提供全方位的金融服务。截至2015年第一季度，可汗银行的总资产达4.8533万亿图格里克，总负债达4.179万亿图格里克，贷款余额约为2.96万亿图格里克。

蒙古贸易发展银行（Trade and Development Bank of Mongolia）是一家商业银行，是蒙古国历史最悠久、最大的银行之一，于1990年10月成立，总部位于乌兰巴托市。在2011年全球贸易评论大会评选中，蒙古贸易发展银行荣获蒙古国最佳贸易融资银行奖。2012年1月，高盛购买了蒙古贸易发展银行4.8%的股份。截至2014年底，蒙古贸易发展银行是蒙古国最大最优秀的企业服务银行，收入为935亿图格里克，占据企业贷款市场的38.3%和企业金融贸易服务市场的 55.6%。截至 2015 年 3 月，蒙古贸易发展银行有 51 个分支机构、200 个 ATM 和 2144 个 POS 终端，总资产达 4.9469 万亿图格里克，总负债为 4.38 万亿图格里克，贷款余额为 2.73 万亿图格里克。

郭勒蒙特银行是私有银行，于 1995 年成立。郭勒蒙特银行经营储蓄账户、借记卡、网上银行等银行业务，还发行 Visa 卡。截至 2014 年末，郭勒蒙特银行共有 99 家分支机构，其中 58 家位于乌兰巴托市，41 家位于其他省。郭勒蒙特银行在蒙古国国内拥有 241 个 ATM 和 1900 个 POS 终端。截至 2015 年第一季度，郭勒蒙特银行总资产为 3.63 万亿图格里克，总负债为 3.22 万亿图格里克，贷款余额为 2.22 万亿图格里克。

哈斯银行（Xac Bank）是一家小额信贷机构和社区发展银行，是蒙古国第四大银行。哈斯银行由两个最大的非银行金融机构 X.A.C.(Golden Fund for Development) LLC 和 Goviin Ekhlel (Gobi Initiative) LLC 合并成立。X.A.C.LLC 创立于 1998 年，是"微创蒙古"项目开发计划署的一部分，不久之后转化成蒙古国的第一个非银行金融机构并进行微型金融服务活动。截至 2015 年第一季度，哈斯银行总资产达 1.98 万亿图格里克，总负债达 1.74 万亿图格里克，贷款余额为 1.26 万亿图格里克。

蒙古国家银行（State Bank）是 2009 年 11 月 24 日由蒙古国政府创办的，拥有 201～500 名员工，总部位于乌兰巴托市。成立以来,蒙古国家银行通过35家分行为客户提供储蓄、贷款、国内转账、网上银行、短信银行和手机银行等服务。蒙古国家银行于2013年与原先蒙古国储蓄银行(Savings Bank)进行合并,由国家托管重组成为新的蒙古国家银行。截至2015年第一季度,蒙古国家银行总资产达1.84万亿图格里克,总负债为1.68万亿图格里克,贷款余额为1.05万亿图格里克。

蒙古国银行业与部分亚洲国家银行业的比较见表3。

表3 蒙古国银行业与部分亚洲国家银行业比较(2013年)

国家	千平方公里平均		成年人口10万平均		成年人口千人存款账户数
	网点数	ATM数	网点数	ATM数	
蒙古国	0.94	0.66	71.96	50.59	1222.29
印度尼西亚	9.76	39.79	10.40	42.40	863.03
越南	8.20	49.23	3.70	22.29	——
菲律宾	18.32	48.73	8.60	22.95	542.00
泰国	12.96	111.19	12.20	104.32	1509.80
哈萨克斯坦	0.15	3.32	3.30	71.60	1710.33

资料来源:IMF。

4 信贷情况

截至2014年末,蒙古国商业银行贷款余额12.5万亿图格里克，较年初新增 1.7 万亿图格里克。主要投放行业为：采矿业、基础设施建设、房地产、零售业及制造业。不良贷款达到 6257 亿图格里克，环比增长 57 亿图格里克，同比增长 599 亿图格里克。不良率在 2014 年末达 5.0%。虽然与历史数据相比处于较低水平，但这是贷款增量不断放大的结果，一旦出现系统性风险，则不良率将直线上升。

蒙古国的企业融资成本普遍较高，一般客户从当地商业银行获取贷款的年化利率约为图格里克 20%、美元 15%。由于蒙古国商业银行的发展远远落后于实体经济的发展，蒙古国商业银行的贷款 95% 以上投放至中小企业及个人客户，大型企业的资金需求较大，当地银行无力满足。蒙古国政府也鼓励大型企业直接去国际市场融资，进而降低融资成本。

外资企业在融资条件方面与蒙古国当地企业享受同等待遇。但蒙古国金融市场发展处于起步阶段，银行、证券市场规模小，资金实力有限，还未完全融入国际金融体系，因此外资企业多是带资进入蒙古国经营，很少在当地融资。

5 货币供应

截至 2014 年末，广义货币供应量（M2）环比增长 7153 亿图格里克，增幅为 7.2%，达到 10.6 万亿图格里克，同比增长 1.2 万亿图格里克，增幅为 12.6%。发行流通中的货币为 8097 亿图格里克，环比增长 407 亿图格里克，增幅为 5.3%；同比下降 315 亿图格里克，降幅为 3.7%。

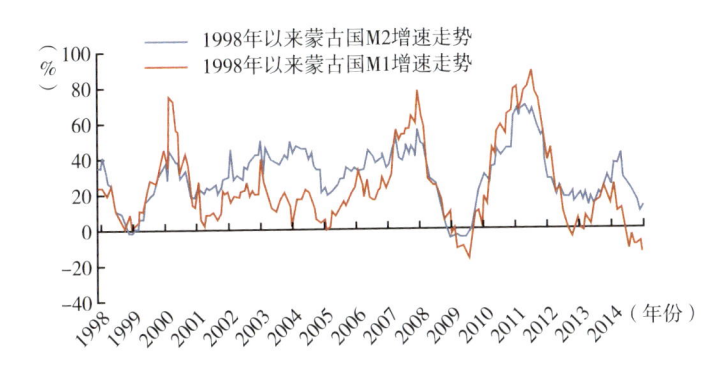

图 1　1998～2014 年蒙古国 M1、M2 增速走势

M1、M2 增速出现截然不同的走势折射出蒙古国流动性资金相当紧张，企业投资意愿不强（见图 1）。

6　金融业监管

蒙古国央行、金融稳定委员会（Financial Stability Council）和金融监督委员会（Financial Regulatory Commission）共同负责蒙古国金融稳定和金融系统的监管。央行负责银行的监管，金融监督委员会则负责保险公司、证券公司、储蓄信贷机构和非银行金融机构等其他金融机构的监管。

金融稳定委员会 2007 年 5 月 9 日由蒙古国央行、财政部和金融监督委员会共同建立，是蒙古国有史以来第一个同等性质的机构，主要目标是通过在现行法律和监管框架下识别和管理金融风险来维护金融稳定，其使命是维护健康的、竞争性的金融体系，提升金融服务的质量和覆盖范围，实现可持续的经济增长。委员会设有研究部门负责研究银行和非银行金融机构以及证券、保险市场的偿付能力问题，定期发布研究报告，以帮助个人和机构做出理性的金融决策。其指导委员会包括央行行长、财政部部长和金融监督委员会主席。他们每个季度定期举行例会，以评估金融业内部和外部的隐性风险因素，形成针对性的监管政策。

1996年，蒙古国国家大呼拉尔正式颁布了《蒙古国中央银行法》和《蒙古国银行法》，并分别在1998年和1999年对其中的130余条条款进行修改。2010年1月，议会通过了新《银行法》，规定了银行持有股票的状况等各种宏观审慎基准。2013年1月，蒙古国制定了《存款保险法》，存款保险上限为2000万图格里克，实行了世界通行的存款保险制度。

此外，蒙古国央行对商业银行并未设定存贷比等考核指标，信贷规模扩张较快，而且商业银行也充分利用财务杠杆，以发行债券、银团贷款等模式获得国际商业银行资金支持。新《银行法》关于审慎经营的具体指标规定见表4。

表4 新《银行法》关于审慎经营的各项比例

项　目	规制比例	定　义
流动比率	>25%	流动资产/全部存款余额
自有资本比率	>14%	(Tier1+Tier2)/风险调整后资产
Tier1比率	>9%	Tier1/风险调整后资产
存款准备率	>12%	

续表

项　目	规制比例	定　义
信贷集中规制		
关联企业全体融资	< 20%	相对于银行自有资本
一家关联企业融资	< 5%	相对于银行自有资本
一家企业融资	< 20%	相对于银行自有资本
外汇规制		
一种外汇的净头寸	< 15%	相对于银行自有资本
全部外汇的净头寸	< 40%	相对于银行自有资本

资料来源：蒙古国中央银行。

7　金融业开放

伴随着蒙古国的民主化进程，政府开始逐步允许外资银行进入蒙古国。1992年第一家进入蒙古国的外资银行——韩国东亚银行在乌兰巴托设立代表处。1998年，蒙古国其他7个大城市也开始向外资银行开放。2000年3月，蒙古国正式取消了限制外资银行进入本国银行业的禁令。2001年7月，蒙古国取消外资银行经营图格里克业务的地域和客户限制，外资银行的客户群体进一步扩大，其业务范围从原来仅有的外汇业务扩大到图格里克业务，且发展迅速；2005年，蒙古国政府批准3家外资银行在蒙古从事图格里克零售业务，允许外资法人银行发行图格里克银行卡，且对外资银行开放国债承销业务。截至2011年底，蒙古国政府已允许18家外国银行分行、7家外资法人银行从事图格里克业务，并允许11家外资银行机构从事金融衍生品交易。

从各个国家和地区在蒙古国设立分支机构来看,在代表处家数方面,日本、中国香港、德国、美国、英国居前五位,占代表处总数的52%;在分行家数方面,韩国、日本、法国、美国、中国居前五位,占外资分行总数的65%。日本及意大利设立办事处的数量远多于分行数量,而韩国设立的分行数量则远大于其办事处数量。

8 资本市场

在蒙古国政府资产私有化政策框架之下,从1992年开始,蒙古国的国有企业转型为股份公司,并通过蒙古国证交所办理投资证书。1995年,蒙古国开启了证券二级市场。目前,蒙古国证券市场发展还处于初步发展阶段。

截至2014年12月,蒙古国股票交易市场上市股票总数共237只,其中,国有控股企业股票15只,月均股票交易数为73只,仅占全部股票数的30.80%。上市流通股总数为47.55亿股,全年交易额为603.58亿图格里克,同比下降38.78%。当前股票总市值约为1.44万亿图格里克,同比下降13.64%。TOP 20指数报收14854.2点,2014年指数跌幅8.88%,年振幅18.55%。

【案例故事】

（一）中国联合水泥蒙古国水泥厂流动资金贷款项目

2015年3月13日，中国银行内蒙古自治区分行联动蒙古国乌兰巴托代表处、约翰内斯堡分行，成功为乌兰察布中联水泥有限公司、蒙古国蒙欣巴音嘎拉有限责任公司叙做全区首笔支持产能过剩行业"走出去"的"上下游内保外贷—NRA账户"业务，金额为人民币1亿元，在沉淀等额存款的同时实现中间业务收入166万元，标志着历时近六个月的营销攻坚战取得了丰硕成果。

蒙欣巴音嘎拉有限责任公司是中国联合水泥集团有限公司境外投资建设的全资子公司。2014年8月，在乌兰巴托代表处的推介下，该企业向中国银行申请1亿元流动资金贷款需求，用于购买乌兰察布中联水泥有限公司的熟料。中国银行乌兰察布市分行向内蒙古分行风险管理部提出授信申请，内蒙古分行风险管理部、国际结算部与乌兰察布市分行就该笔贷款需求进行深入研究，在总行支持产能过剩行业"走出去"的相关政策指引下，结合乌兰巴托代表处贷前客户调查及蒙古国水泥市场调研，基于国际贸易背景，探索业务叙做模式，进行多元化产品组合，为企业设计了一年期"上下游内保外贷—NRA账户"业务，同时由中国联合水泥集团有限公司提供担保，乌兰巴托代表处负责监控蒙欣巴音嘎拉公司在蒙古国的生产经营情况及销售回款。

该笔业务的成功叙做,是3家海内外兄弟机构抢抓业务机遇,积极联动的成果,是系统内在蒙古国市场开展的第一个大型工程类项目和第一笔"走出去"项目,也是全行认真学习贯彻田国立董事长关于构建"一带一路"金融大动脉战略要求和海内外一体化发展指导精神的集中体现,既有力支持了国内产能过剩行业"走出去",又提升了内蒙古分行在本地跨境人民币结算业务上的市场份额和中国银行在蒙古国市场的品牌影响力,并对蒙古国当地经济发展和中蒙经贸合作交流起到积极的促进作用,全面体现了中国银行"担当社会责任,做最好的银行"的核心理念。

(二)营销中国驻蒙古国使馆代发薪

中国银行驻乌兰巴托代表处成立伊始,通过调研发现,中国驻蒙古国使馆馆员工资在乌兰巴托当地银行发放,但由于蒙古国银行体制不健全、银行业抗风险能力较弱等原因,广大馆员均对资金是否安全存有疑虑。针对这一情况,代表处研究了中蒙两国账户管理、外汇管理方面的政策,认为通过境内代发无制度障碍,但属首例,需要国内外分行联动攻关。

为此,中国银行驻乌兰巴托代表处将该项业务向内蒙古二连浩特分行进行了推荐,并以此为契机,增进代表处与境内分行的联动,为该行拓展优质客户做出贡献。

　　驻乌兰巴托代表处与二连浩特分行密切配合，积极展开与当地市政府、人民银行、外管局等部门的沟通与协调，定期汇总并商议解决营销中的难点，结合反馈来的第一手资料为中国驻蒙古国大使馆量身定制了一套代发工资方案。经过坚持不懈的努力，于2013年9月最终实现突破，成功签订了代发工资协议，办理了账户开立、网上银行、电话银行、短信通等业务，为二连浩特分行沉淀了稳定的外币存款，成为系统内首家开办为驻外使领馆代发工资的机构。

特别提示

★ 蒙古国金融市场较小，金融行业对于实体经济的支持较为有限，出现了商业银行盈利性不断增强、企业经营却日益困难的局面。

★ 蒙古国央行货币政策调控手段较为单一，无法形成对经济局面的有效改善。商业银行的风险主要存在于：信贷投放过于激进，风险管理能力较弱，不良贷款率隐患激增；信贷投放的行业过于集中，容易引发行业风险；从海外拆入资金量过大，一旦系统性风险爆发，金融行业可能会触发集中违约风险。

扩展阅读　中国银行驻乌兰巴托代表处

一、机构概况

中国银行于 2012 年 5 月开始筹建中国银行驻乌兰巴托代表处，分别于 2012 年 12 月 18 日和 12 月 20 日获得蒙古国央行及外国投资局颁发的许可证，成为第一家正式进入蒙古国市场的中资金融机构。2013 年 1 月 31 日，驻乌兰巴托代表处正式成立，时任中华人民共和国全国人大常委会委员长吴邦国出席开业仪式，并亲自为代表处揭牌。

代表处自成立伊始，即得到总行党委"关于打造准分行形式的代表处，为集团做出更大贡献"的重要指示。为此，代表处全面实施经营转型，积极贯彻落实总行关于"一带一路"战略发展指示精神，服务中蒙俄经济走廊，深度挖掘客户需求，全力拓展公司金融业务。截至目前，代表处密切联动各境内外兄弟行，共成功叙做 5 笔联动业务，授信金额超过 4 亿元人民币。

代表处地址：

蒙文：Улаанбаатар-14200, СБД-8, Их эзэн Чингис хааны нэрэмжит талбай- 2, Сэнтрал тауэр 11 давхар

英文：11th Floor Central Tower, 2 Great Chinggis Khaan Square, SBD-8, Ulaanbaatar 14200, Mongolia

中文：蒙古国乌兰巴托市苏赫巴托区第八小区成

吉思汗广场 2 号（14200）Central Tower 11 层

代表处联系电话

公司金融专线：00976- 77077699

个人金融专线：00976- 77077676

财务运营专线：00976- 77077601

行政综合专线：00976- 77077670

二、金融产品和投资项目

结合蒙古国经济金融特点及其风险特点，中国银行可以通过以下几种产品为来蒙古国投资、贸易的中国企业提供服务：

（一）公司融资服务

1. 中信保担保项下的出口买方信贷

出口买方信贷是出口国为了支持本国机电产品、成套设备、对外工程承包等资本性货物和服务的出口，由出口国银行在本国政府的支持下给予进口商或进口商银行的中长期融资便利。该产品具有以下特点：

（1）出口国政府支持。出口国政府为支持本国资本性货物的出口，加强本国产品在国际市场上的竞争力，采取优惠政策鼓励本国金融机构为出口产品提供信贷，所以出口信贷又被称为"官方支持的出口信贷"。作为政策执行者，由本国出口信贷机构，即中国出口信用保险公司，为出口信贷提供保险、担保或直接优惠贷款。

（2）优化出口商资产负债结构。出口买方信贷是对进口方(进口商或进口商银行)的融资，出口商无须融资负债，并且有利于出口商的收汇安全，加快资金周转。

（3）节约进口商融资成本。一方面，扩大了进口商的融资渠道；另一方面，由于出口国出口信贷机构的主要经营目标是实现国家政策，不以盈利为主要目的，所以其保险费率（或担保费率）和贷款利率往往低于市场平均水平，从而使出口信贷机构项下（保险、担保或直接融资）的出口买方信贷融资成本较一般商业贷款的融资成本低。

该产品适用的客户主要包括：我国机电产品、成套设备、对外工程承包等资本性货物和服务的出口商。借款人为中国银行认可的进口商、进口方银行（转贷行）或进口国法定主权级借款部门（财政部、中央银行等）。

2. 中信保担保项下的出口卖方信贷

出口卖方信贷是指出口国为支持本国机电产品、成套设备、对外工程承包等资本性货物和服务的出口，由出口国银行给予出口商的中长期融资便利。贷款金额最高不超过出口成本的总值减去定金和企业自筹资金。该产品具有以下特点：

（1）对进口商来讲，一方面扩大了进口商的融资渠道，另一方面由于出口国ECAs的主要经营目标是实现国家政策，不以盈利为主要目的，所以其保险费率（或担保费率）和贷款利率往往低于市场平均水平，从而使ECA项下（保险、担保或直接融资）的信贷融资成本较一般商业贷款的融资成本低。

（2）较出口买方信贷而言，贷款人与出口商都在同一国度，操作比较方便。

该产品适用的客户主要包括：具有法人资格、经国家批准有权经营机电产品出口的进出口企业和生产企业。凡出口成套设备、船舶及其他机电产品合同金额在50万美元以上，并采用一年以上延期付款方式的资金需求，均可申请使用出口卖方信贷贷款。

3. 项目融资

项目融资即项目的发起人（即股东）为经营项目成立一家项目公司，以该项目公司作为借款人筹借贷款，以项目公司本身的现金流量和全部收益作为还款来源，并以项目公司的资产作为贷款的担保物。该融资方式一般应用于发电设施、高等级公路、桥梁、隧道、铁路、机场、城市供水以及污水处理厂等大型基础建设项目，以及其他投资规模大、具有长期稳定预期收入的建设项目。该产品具有以下特点：

（1）实现融资的无追索或有限追索。通常情况下，在设计项目融资产品时，项目发起人除了向项目公司注入一定股本外，不以自身的资产来保证贷款的清偿，因此，发起人将有更大的空间和更多的资源去投资其他项目。

（2）实现表外融资。如果项目发起人直接从银行贷款，则会增加负债比率，恶化部分财务指标，从而增大未来融资成本。相比之下，成立具有法人资格的项目公司，由项目公司负责项目的融资与建设，只要项目发起人在项目公司中的股份不超过一定比例，项目公司的融资就不会反映在项目发起人的合并资产负债表上。

（3）享受税务优惠的好处。项目融资允许高水平的负债结构，由于贷款利息的"抵税"作用，在某种程度上意味着资本结构的优化和资本成本的降低。

4. 银团贷款

银团贷款是指由两位或两位以上贷款人按相同的贷款条件，以不同的分工，共同向一位或一位以上借款人提供贷款，并签署同一贷款协议的贷款业务。通常会选定一家银行作为代理行代表银团成员负责管理贷款事宜。该产品具有以下特点：

（1）贷款金额大、期限长。可以满足借款人长期、大额的资金需求。一般用于交通、石化、电信、电力等行业新建项目贷款、大型设备租赁、企业并购融资等。

（2）融资所花费的时间和精力较少。借款人与安排行商定贷款条件后，由安排行负责银团的组建。在贷款的执行阶段，借款人无须面对所有的银团成员，相关的提款、还本付息等贷款管理工作由代理行完成。

（3）银团贷款叙作形式多样。在同一银团内贷款，可根据借款人需要提供多种形式贷款，如定期贷款、周转贷款、备用信用证额度等。同时，还可根据借款人需要，选择人民币、美元、欧元、英镑等不同的货币或货币组合。

（4）有利于借款人树立良好的市场形象。银团的成功组建是基于各参与行对借款人财务和经营情况的充分认可，借款人可以借此业务机会扩大声誉。

5. 授信额度

授信额度是指中国银行向客户提供的一种灵活便捷、可循环使用的授信产品，只要授信余额不超过对应的业务品种指标，无论累计发放金额和发放次数为多少，均可快速向客户提供短期授信。授信额度安排灵活，总授信额度可细分为贷款额度、开立信用证额度、出口押汇额度、开立保函额度、开立银行承兑汇票额度、承兑汇票贴现额度等分项额度。授信额度适用于期限在一年以内(含一年)的各种授信业务，其中开立保函额度项下的投标保函、履约保函、预付款保函、关税付款保函和海事保函的期限可放宽到一年以上。该产品具有以下特点：

（1）为企业短期财务安排提供便利。由于授信额度可以循环使用，企业财务计划的制定因此变得更加明确和有条理，不必为经常性业务特别安排资金。

（2）满足企业基本融资需求。授信额度按贷款、信用证和保函等多种授信业务品种设定了单项的额度，基本覆盖了客户主要的融资需求。经银行同意，其中各单项产品的额度可相互调剂使用，交叉互换，提高了额度的利用率。

（3）简化企业授信审批手续。客户获得授信额度后，将根据协议的规定，自行决定额度使用方式和履约时间，无须逐笔逐项报授信银行审批，避免了单笔授信审批时须履行的资信调查、担保落实等手续。

6. 内保外贷

"内保外贷"，是指根据境内客户（申请人）申请，由中国银行境内分支机构作为担保人，由中国银行境外机构为境内外债务人（被担保人）提供融资、授信等相关业务的统称。"内保外贷"是境内担保与境外融资、授信等业务相结合的产品组合，"内保外贷"的叙做机构为中国银行境内外机构。该产品具有以下特点：

（1）可有效满足中国企业海外子公司的融资需求。当前，众多实力雄厚的中国企业纷纷走出国门，到境外投资发展，但其海外子公司往往实力较弱，难以满足中国银行直接授信条件，故这些企业可通过"内保外贷"方式，实现跨境融资，有效满足其海外子公司日常资金需求。

（2）通过中国境内银行出具备用信用证或融资保函，贷款审批程序更为快捷简便，可充分满足客户的融资时效性需要。

（二）贸易融资服务

1. 融付达

中国银行应国外代理行的申请，对其在跟单信用证项下或跟单托收项下的应付款项在付款到期日先予以垫付，而给予国外代理行的短期资金融通业务。通过满足国外代理行在进口信用证或进口代收项下的短期资金融通需求，使出口商获得即期付款。主要适用于以下客户：①出口商希望获得即期付款，但进口商及进口商银行希望远期付款并获得资金融通；②进口方所在国家和地区的资金成本高于我国。

2. 出口押汇

出口押汇是指出口商发出货物并交来信用证或合同要求的单据后，中国银行凭所交单据向其提供的短期资金融通。用于满足出口商在信用证或托收项下的短期资金融通需求。分为信用证项下单证相符押汇、信用证项下单证不符押汇、D/P托收押汇、D/A托收押汇等几类。该产品具有以下特点：

（1）加快资金周转。在进口商支付货款前可提前得到偿付，从而加快资金周转速度。

（2）简化融资手续。融资手续相对于流动资金贷款等简便易行。

（3）改善现金流量。可以增加当期现金流，从而改善财务状况。

（4）节约财务费用。可根据不同货币的利率水平选择融资币种，从而节约财务费用。

（5）降低授信门槛。对于信用证项下单证相符的出口单据，即使出口商尚未在银行核有授信额度，也可以办理出口押汇。

主要适用于以下客户：

（1）出口商流动资金有限，依靠快速的资金周转开展业务。

（2）出口商在发货后、收款前遇到临时资金周转困难。

（3）出口商在发货后、收款前遇到的新的投资机会，且预期收益率高于押汇利率。

3. 打包贷款

中国银行应信用证受益人（出口商）申请向其发放的用于信用证项下货物采购、生产和装运的专项贷款。用于满足出口商在信用证项下备货装运的短期资金融通需求。还款来源为信用证项下出口收汇，有开证行有条件的信用保障。属专项贷款，贸易背景清晰，适合封闭管理。该产品具有以下特点：

（1）扩大贸易机会。在出口商自身资金紧缺而又无法争取到预付货款的支付条件时，帮助出口商顺利开展业务、把握贸易机会。

（2）减少资金占压。在生产、采购等备货阶段均不占用出口商的自有资金，可以缓解流动资金压力。

主要适用于以下客户：

出口商流动资金紧缺，而国外进口商不同意预付货款，但同意开立信用证。

4. 福费廷

福费廷是指中国银行无追索权地买入因商品、服务或资产交易产生的未到期债权。通常该债权已由金融机构承兑/承付/保付。中国银行福费廷业务可接受的债权形式包括：信用证、汇票、本票、有付款保函/备用信用证担保的债权、投保出口信用险的债权、IFC(国际金融公司)等国际组织担保的债权及其他可接受的债权工具。福费廷业务在无须占用客户授信额度的情况下，为客户提供固定利率的无追索权买断，有效满足客户规避风险，增加现金流，改善财务报表，获得提前核销退税等多方面综合需求。

主要适用于以下客户：

（1）客户流动资金有限，需加快应收账款周转速度。

（2）客户希望规避远期收款面临的信用风险、国家险、利率风险和汇率风险。

（3）客户授信额度不足，或没有授信额度。

（4）客户希望获得提前出口退税和核销。

5. 融信达

中国银行对卖方已向经中国银行认可的信用保险机构投保信用保险的应收账款，凭相关商业单据、投保信用保险的有关凭证、赔款转让协议等为卖方提供的贸易融资业务。用于满足卖方在已投保信用保险情况下出口或国内贸易项下的融资需求。该产品具有以下特点：

（1）加快资金周转、改善现金流量，规避买方信用风险（出口融信达项下还可规避进口国政治风险）。

（2）无追索权融信达业务可优化卖方财务报表。

主要适用于以下客户：

（1）希望规避买方信用风险、国家风险，并已投保信用保险。

（2）流动资金有限，需改善资金状况。

6. 融易达

融易达是指在以赊销为付款方式的交易中，在基础交易及应付账款无争议的前提下，中国银行占用买方授信额度，为卖方提供无追索权的贸易融资业务。该产品具有以下特点：

（1）占用买方（核心企业）授信额度为卖方（上游卖方）提供融资。

（2）中国银行可买断应收账款，优化卖方财务报表。

主要适用于以下客户：

（1）适用于以赊销为付款方式的货物、服务贸易及工程类业务，赊销期限原则上不超过180天（含180天）。

（2）买方（核心企业）基于供应链管理需要，希望利用自身在银行的授信资源支持其上游卖方融资。

（三）其他类金融服务

1. 财务顾问

企业财务顾问业务是近年来随着市场和企业需求发展应运而生的咨询顾问类中间业务，主要包括大型建设项目财务顾问业务和企业并购财务顾问业务。

大型建设项目财务顾问业务指中国银行为大型建设项目的融资结构、融资安排提出专业性方案；企业并购财务顾问业务指中国银行为企业的兼并和收购双方提供的财务顾问业务，中国银行不仅参与企业兼并与收购的过程，而且作为企业的持续发展顾问，参与公司结构调整、资本充实和重新核定，以及对陷于破产和困境局面的公司进行重组等事项的策划和操作过程。

常年财务顾问业务是指银行为企业持续发展提供顾问服务，为企业在日常经营和管理中提供银行法律法规咨询、行业发展情况、财务报表分析、投融资咨询等顾问服务，并根据国内外金融热点等问题，为企业提供相关评述及分析。

中行的财务顾问业务品种包括：企业投融资、项目融资、并购、资产重组/管理、债务管理、银团贷款安排、企业改制上市、债券及票据发行、管理咨询、研究分析、培训服务和企业"诊断"等方面的顾问业务。

2. 结构性融资

将客户特定资产未来产生的现金流剥离表外,并以此作为第一还款来源发行债券,从而为客户进行表外融资,提供中长期资金来源。该产品具有以下特点:

(1) 为客户提供中长期资金来源。

(2) 提高客户资产周转率。

(3) 降低客户资产负债率。

(4) 实现信用增级,降低融资成本,丰富投资者的投资品种。

蒙古
MONGOLIA

第四篇
双边关系

蒙古
MONGOLIA

一 双边政治关系

中蒙两国之间在人种基因、经济文化以及政治生活等方面都不可分割的血缘关系，蒙古国在历史上曾是中国的一部分。蒙古国是最早承认中华人民共和国的国家之一，1949年10月16日与中国建交。20世纪60年代中后期，两国关系经历了一番曲折。

近20年来，两国关系发展迅速，成果显著。1989年，两国关系实现正常化。1994年4月，两国签署《中蒙友好合作关系条约》。1998年12月，蒙古国巴嘎班迪总统对中国进行国事访问，双方发表了阐明21世纪两国关系发展方针的《中蒙联合声明》。2003年，两国宣布建立睦邻互信伙伴关系。2011年，两国宣布建立战略伙伴关系。2014年8月，国家主席习近平对蒙古国进行国事访问，同蒙古国总统额勒贝格道尔吉签署《中华人民共和国和蒙古国关于建立和发展全面战略伙伴关系的联合宣言》，将两国关系提升为全面战略伙伴关系。中蒙关系现处于历史最好时期。

中蒙是友好邻邦。多年来，中国政府坚定不移地对蒙古国奉行睦邻友好政策。中方尊重蒙古国的独立与主权，尊重蒙古国人民自己选择的发展道路，尊重蒙古国的无核区地位。近年来，两国互利合作不断扩大，中国已连续多年成为蒙古国最大的贸易伙伴和投资国。在国际事务中，双方在许多问题上有着相同或近似的看法，保持密切沟通与合作。

二 双边经济关系

1 双边贸易

1951年中蒙两国建立贸易关系，曾长期以记账贸易方式开展贸易活动。1989年两国政府成立了经济、贸易和科技合作委员会，迄今已举行十一次会议。1991年中蒙两国政府签订了——《关于鼓励和相互保护投资协定》和《关于对所得避免双重征税和防止偷漏税的协定》，以现汇贸易取代了政府间记账贸易。同年，两国政府签署投资保护协定。

由于地缘特点，蒙古国对外贸易严重依赖中国和俄罗斯。截至2013年年末，中国已经连续14年成为蒙古国最大贸易伙伴国和投资国。在蒙古国贸易结构中，超过90%的商品出口至中国，其中多为矿业产品；约1/3的商品需要从中国进口。

根据蒙古国海关数据，2015年上半年，蒙古国对华贸易总额为27.13亿美元，较上年同期减少12.7%，占其外贸总额的64.5%。其中，对华出口20.46亿美元，较上年同期减少10.2%，占其出口总额的86.3%；自华进口6.67亿美元，较上年同期减少19.64%，占其进口总额的36.27%。上半年蒙古国对华贸易顺差13.79亿美元，较上年同期减少6.5%。

中蒙两国贸易的商品具备互补性。中国从蒙古国主要进口金属矿石、废料、煤、焦煤、煤球、石油、石油产品及副产品等初级产品。蒙古国生产的铁矿石、铜精粉、锌精粉和原油

100% 出口中国；煤炭 95% 以上出口中国；每年的大部分畜产品、油料、工业和药用植物也都出口至中国。据蒙古国统计局的数据，2014 年上半年蒙古国对华出口商品中，铜矿精粉、原煤、铁矿石等矿产品占到总贸易额的 70% 以上，其中铜矿精粉贸易额近千万美元，占到上半年其出口产品总额的 43.24%。蒙古国从中国主要进口服装及衣着附件、钢铁、纺织纱线、织物，及其他制成品等劳动密集型产品。

2014 年 8 月，习近平主席访问蒙古国期间，中国商务部同蒙古国经济发展部共同签署了新的《中国与蒙古国经济贸易合作中期发展纲要》，提出力争实现到 2020 年双边贸易额不低于 100 亿美元的目标。

蒙古国对全球和中国的贸易情况见表 5。

表5 蒙古对全球、对中国贸易情况

年份	出口总额（百万美元）	同比增幅（%）	中国占比（%）	进口总额（百万美元）	同比增幅（%）	中国占比（%）
2000	466.1	30.1	58.9	614.5	19.8	20.5
2001	521.5	11.9	45.7	637.7	3.8	21.4
2002	524.0	0.5	42.1	690.7	8.3	24.3
2003	615.9	17.5	46.6	801.0	16.0	24.5
2004	869.7	41.2	47.6	1021.1	27.5	25.2
2005	1064.9	22.4	48.1	1184.4	16.0	24.9
2006	1542.8	44.9	67.8	1485.6	25.4	27.2
2007	1889.0	22.4	74.1	2117.3	42.5	31.3
2008	2534.5	34.2	64.5	3244.5	53.2	27.4
2009	1885.4	−25.6	73.9	2137.7	−34.1	25.2
2010	2908.5	54.3	84.6	3200.1	49.7	31.3
2011	4780.4	64.9	92.1	6526.9	99.1	30.8
2012	4384.6	−8.3	92.6	6738.9	3.2	27.6
2013	4272.7	−2.6	86.8	6354.7	−5.7	28.7
2014	5774.3	26.07	87.86	5236.7	−17.63	33.76

资料来源：依据《Mongolia statistical yearbook 2014》整理。

2 双边经济合作

(1) 投资

中国是蒙古国外国直接投资的主要来源国之一。截至2013年末,中国已连续12年成为蒙古国最大的投资来源国。据中国商务部统计,2014年1季度,中国对蒙古国直接投资0.52亿美元,同比增长57%,占蒙古国外商直接投资的13%,比上年末上升2个百分点。

中国对蒙古国投资的主要行业有地质矿产资源勘探与开采、贸易餐饮服务、建筑工程及建材生产、畜产品加工、食品生产等。中国的投资资本67.3%集中在地质和矿山领域,20%则投入到贸易和餐饮业。蒙古国内实行的"矿产兴国"战略是中资企业对蒙古国投资行业集中的重要原因。

据蒙古国外国投资局统计,截至2013年10月(自1990年起),在蒙古国登记的中资企业6225家,占外资企业总数的48.8%。中资企业在资本、技术、设施等领域的比较优势明显,加上中蒙地缘相邻,语言文化相对接近的内蒙古企业更是占到对蒙古国投资企业的一半以上。

(2) 基础设施建设

中国对蒙古国经济合作项目以基础设施建设为主。2013年中国企业在蒙古国新签承包工程合同78份,新签合同额14.04亿美元,完成营业额10.72亿美元;当年派出各类劳务人员9663人,年末在蒙古国劳务人员7150人。

目前，中蒙之间的大型工程项目主要包括：山东电力基本建设总公司承建的蒙古国南戈壁 5×150MW 输电线项目，中铁十二局集团有限公司中标的蒙古国乌兰巴托市政工程 EPL 项目，江苏江都建设集团有限公司承建的奥云陶勒盖（OT 矿）K320SWP002-005 项目，中国水利水电建设有限公司承建的 OT 矿风电融资项目，中国建材国际工程集团有限公司承建乌兰察布市蒙中水泥 2700d 项目，等等。2014 年底，神华集团与蒙古国能源资源（Energy Resources LLC）公司、日本住友商事株式会社组成的联合体获得同蒙古国政府开展塔本陶勒盖煤矿（TT 矿）开发综合项目的进一步谈判机会。

表6　2009～2013年中蒙经贸合作数据

主要指标	数值				
	2009年	2010年	2011年	2012年	2013年
中国出口（亿美元）	10.9	14.5	27.3	26.5	24.50
中国进口（亿美元）	13.4	25.3	37.0	39.5	35.06
中国在蒙古国投资（亿美元）	1.2	1.4	1.1	3.2	3.5

资料来源：中国商务部。

三　双边关系中的热点问题

1 "一带一路"

蒙古国属于"一带一路"沿线国家。蒙古国对中国提出的"一带一路"倡议响应积极，并结合自身国情提出了"草原之路"倡议，并正在讨论推进中蒙俄经济走廊，横跨亚欧大陆，把中方倡议的"一带一路"同蒙方的"草原之路"倡议、俄方正在推进的跨欧亚大通道建设有机地结合起来。

蒙古国地处中俄两个大国、大市场之间，具有重要的地理位置，通过"草原之路"倡议，蒙古国可以发展高速公路、铁路、天然气管道、石油管道，还可为中俄提供过境运输，从而通过运输贸易振兴本国经济。"草原之路"计划由 5 个项目组成，总投资约 500 亿美元，项目包括：连接中俄的 997 公里高速公路、1100 公里电气化铁路、扩展跨蒙古国铁路以及天然气和石油管道等。

中俄蒙三方铁路部门经过磋商，已就未来细化合作达成广泛共识。三方确认开展铁路过境运输合作：提升现有铁路运量；研究成立三方运输物流联合公司；采取措施均衡发展并提升"乌兰乌德—纳乌什基—苏赫巴托—扎门乌德—二连—集宁"方向各区段的铁路运输能力；发展铁路教育机构合作并支持人才培养和科研合作。

之前，蒙古国仅有一条铁路连接中、俄。而且，中国铁路采用国际标准轨，而蒙古国则和俄罗斯一样采用宽轨，因此，列车在通过边境时不得不进入换轮场，更换车轮。不过，蒙古国国家大呼拉尔（议会）2014年通过决议，中蒙两国边界的塔本陶勒盖 – 嘎顺苏海图、霍特 – 毕其格图新铁路将使用与中国相同的轨道标准。据蒙古国媒体测算，虽然采用标准轨道将导致蒙古国企业短期运输费大幅增加，但从长远来看，这种"互联互通"将给蒙古国带来巨大经济效益。

2 资源贸易

虽然中蒙之间在资源贸易上存在很大的合作潜力，但这种贸易一直存在着障碍。

2011年7月，神华集团经过角逐最终赢得了塔本陶勒盖煤矿40%的开采权。尽管中国提出愿意帮助蒙古国修建一条新的铁路由产煤区通往中国，但由于来自蒙古国国家大呼拉尔的强烈反对，项目始终没有实施。

2015年5月18日，全球第二大铁矿石出口商力拓集团与蒙古国政府、绿松石山资源公司正式签署《奥云陶勒盖地下矿开发和融资计划》，为价值54亿美元的奥云陶勒盖铜金矿扩建项目扫清了障碍。这个项目扩建后的规模可能最终达到蒙古国经济总量的三分之一。该项目是迄今蒙古国最大的海外投资项目。

特别提示

★ 目前，中资企业在蒙古国不能直接用人民币开展跨境贸易和投资合作。

- ★ 目前，中国是蒙古国最大的投资方。一些中国企业资质不足、环保意识薄弱、对当地居民的风俗习惯不够熟悉与尊重，因为环境问题、资质问题和产品质量问题造成的摩擦时有发生。
- ★ 蒙古国内针对华人的治安案件也时有发生。2015年1月11日晚，两名前往蒙古国收购羊绒的中国内蒙古商人在乌兰巴托遇害，中国驻蒙古国大使馆也多次发布提醒中国公民注意在蒙古国安全的警示。
- ★ 蒙古国独特的国家安全形势决定了它不可能成为一个完全亲华的国家，而是更倾向于做一个大国之间的平衡者。中、俄、美、日、欧在蒙古国的竞争将会在长时期内持续，并可能对"一带一路"战略的实现构成影响。

四　蒙古当地商会和华人社团

1　蒙古国当地商会

蒙古国工商会

蒙古国工商会成立于 1960 年，是非营利、群众性的非政府机构。该会的基本宗旨是，保护其会员和国内外企业的权益、并表达他们的意愿，支持和鼓励贸易、投资和生产活动。主要工作职能及服务范围包括：向会员和非会员机构提供各类商务服务；对外贸纠纷提供仲裁服务；进出口商品的质量、数量检验；专利、商标注册；支持出口、投资、中小企业；组织举办商品展览会；组织商务人员交流、商务旅游活动；商务信息交流、合作；组织培训班、研讨会、洽谈会；与政府及其有关部门进行合作完善商务环境；负责政府与私营企业协商委员会的工作。

电　　话：00976-11-327176，323597，312501
传　　真：00976-11-324620
电子邮箱：chamber@mongolchamber.mn
网　　址：www.mongolchamber.mn
　　　　　www.mongoliamarkrt.mn

2 蒙古国当地华人社团

中国在蒙古国投资企业总商会（蒙古国中华总商会）

该商会是在中国商务部倡导、驻蒙古国大使馆支持下，于 2002 年 8 月 9 日在乌兰巴托市注册成立的大型非营利组织，其日常活动受驻蒙古国大使馆经济商务参赞处指导。

电　　话：00976-99-710033

五　当地主要中资企业

表 7　蒙古国主要中资企业

境内投资主体	境外投资企业（机构）	归属	经营范围
中国葛洲坝集团股份有限公司	中国葛洲坝集团股份有限公司蒙古代表处	中央企业	市场拓展
中国石化集团国际石油工程有限公司	中国石化集团国际石油服务（蒙古）有限责任公司	中央企业	境外石油工程相关服务；服务所需设备的租赁与销售；进出口业务等
中冶海外工程有限公司	中国冶金科工集团公司蒙古办事处	中央企业	信息收集、市场开拓等
中国航空技术国际控股有限公司	中航国际蒙古代表处	中央企业	业务协同、市场信息收集、联络服务
中国化学工程第三建设有限公司	TCC 国际有限公司	中央企业	建筑、安装工程
中国黄金集团内蒙古金盛矿业开发有限公司	蒙金矿业有限公司	中央企业	矿产资源勘查、矿石的开发、开采、冶炼、提纯，矿产品及金属物质的进出口贸易
中国大唐集团海外投资有限公司	中国大唐海外（蒙古）有限公司	中央企业	电力能源项目的投资、开发、建设和管理，电力工程承包和咨询；商业项目的编写、实施和提供咨询服务；地质、矿山勘探和开采和就地质、矿山、矿产方向的其他业务等；国内和国际贸易
中国机械工业建设集团有限公司	中国机械工业建设集团有限公司蒙古代表处	中央企业	代表集团公司进行蒙古国项目相关的工作的联络，管理和协调，处理蒙古国境内涉及集团公司业务的相关事务

续表

境内投资主体	境外投资企业（机构）	归属	经营范围
中国有色金属建设股份有限公司	工业建设有限责任公司	中央企业	承包有色金属工程以及其他工程，承担基础设施建设的咨询、勘探和设计；承担有色工业及其他工业、能源、交通、公用建设项目的施工总承包；矿产资源勘探、矿产品及相关产品贸易，以及相关的技术咨询服务
中国水电建设集团国际工程有限公司	中国水电蒙古国有限责任公司	中央企业	承包蒙古国及周边国家工程项目，包括水利水电建设工程、投资勘测、设计、施工、监理、电力、能源、公路、港口、航道、机场、房屋建设、市政工程、城市轨道工程总承包、机电设备、施工机械的制造、供货、安装等相关业务

详细中资企业名录请参见：

中国商务部"中国对外投资和经济合作"网站⇨"境外企业（机构）"，相关网址：http://wszw.hzs.mofcom.gov.cn/fecp/fem/corp/fem_cert_stat_view_list.jsp

蒙古
MONGOLIA

附 录

蒙古
MONGOLIA

附录一　世界银行·营商环境指数

为评估各国企业营商环境，世界银行通过对全球国家和地区的调查研究，对构成各国的企业营商环境的十组指标进行了逐项评级，得出综合排名。营商环境指数排名越高或越靠前，表明在该国从事企业经营活动条件越宽松。相反，指数排名越低或越靠后，则表明在该国从事企业经营活动越困难。

蒙古国营商环境排名

蒙古	
所处地区	东亚及太平洋地区
收入类别	中高收入
人均国民收入总值（美元）	4320

营商环境 2016 年排名：56，与上一年相比，前进 3 名

蒙古国营商环境概况

下图同时展示了蒙古国各分项指标与"世界领先水平"的距离。"世界领先水平"反映了《2016 年全球营商环境报告》所包含的所有经济体在每个指标方面（自该指标被纳入《营商环境报告》起）表现出的最佳水平。每个经济体与领先水平的距离以从 0 到 100 的数字表示，其中 0 表示最差表现，100 表示领先水平。

指　标	蒙古	东亚及太平洋地区	经合组织
开办企业			
2016 与世界领先水平的距离（百分点）：92.55			
程序（个）	5.0	7.0	4.7
时间（天）	6.0	25.9	8.3
成本（占人均国民收入的百分比）	1.5	23.0	3.2
实缴资本下限（占人均国民收入的百分比）	0.0	9.8	9.6
办理施工许可证			
2016 与世界领先水平的距离（百分点）：78.25			
程序（个）	17.0	14.7	12.4
时间（天）	137.0	134.6	152.1
成本（占人均国民收入的百分比）	0.1	1.8	1.7
建筑质量控制指标(0~15)	14.0	8.6	11.4
获得电力			
2016 与世界领先水平的距离（百分点）：55.31			
程序（个）	8.0	4.7	4.8
时间（天）	79.0	74.1	77.7
成本（占人均国民收入的百分比）	520.3	818.8	65.1
供电可靠性和电费指数透明度(0～8)	3.0	3.6	7.2
登记财产			
2016 与世界领先水平的距离（百分点）：74.59			
程序（个）	5.0	5.3	4.7
时间（天）	10.5	74.2	21.8
成本（占财产价值的百分比）	2.1	4.4	4.2

续表

指标	蒙古	东亚及太平洋地区	经合组织
土地管理系统的质量指数（0~30）	15.0	13.0	22.7
获得信贷			
2016 与世界领先水平的距离（百分点）：60.00			
合法权利指数（0~12）	5.0	6.2	6.0
信用信息指数（0~8）	7.0	3.9	6.5
私营调查机构覆盖范围（占成年人的百分比）	40.5	14.0	11.9
公共注册处覆盖范围（占成年人的百分比）	0.0	21.9	66.7
保护少数投资者			
2016 与世界领先水平的距离（百分点）：73.33			
少数投资者保护力度指数（0~10）	7.3	5.0	6.4
纠纷调解指数（0~10）	7.0	5.5	6.3
披露指数	6.0	5.5	6.4
董事责任指数	8.0	4.7	5.4
股东诉讼便利度指数（0~10）	7.0	6.4	7.2
股东治理指数（0~10）	7.7	4.6	6.4
股东权利指数（0~10.5）	7.0	5.3	7.3
所有权和管理控制指数（0~10）	8.0	4.2	5.6
公司透明度指数（0~10）	8.0	4.2	6.4
纳税			
2016 与世界领先水平的距离（百分点）：73.79			
纳税（次）	41.0	25.3	11.1
时间（小时）	148.0	201.4	176.6

续表

指 标	蒙古	东亚及太平洋地区	经合组织
应税总额（占利润的百分比）	24.4	33.5	41.2
利润税（占利润的百分比）	10.0	16.7	14.9
劳动税及缴付（占利润的百分比）	12.4	9.0	24.1
其他税（占利润的百分比）	2.0	6.5	1.7
跨境贸易			
2016 与世界领先水平的距离（百分点）：77.30			
出口耗时：边界合规（小时）	37.0	51.0	15.0
出口所耗费用：边界合规（美元）	41.0	396.0	160.0
出口耗时：单证合规（小时）	115.0	75.0	5.0
出口所耗费用：单证合规（美元）	64.0	167.0	36.0
进口耗时：边界合规（小时）	22.0	59.0	9.0
进口所耗费用：边界合规（美元）	60.0	421.0	123.0
进口耗时：单证合规（小时）	115.0	70.0	4.0
进口所耗费用：单证合规（美元）	83.0	148.0	25.0
执行合同			
2016 与世界领先水平的距离（百分点）：59.40			
时间（天）	374.0	553.8	538.3
成本（占标的额的百分比）	30.6	48.8	21.1
司法程序质量指数（0–18）	6.0	7.6	11.0
程序	指标		
时间（天）	374.0		
备案与立案	14.0		

续表

指标	蒙古	东亚及太平洋地区	经合组织
判决与执行	180.0		
合同强制执行	180.0		
成本（占标的额的百分比）	30.6		
律师费（占标的物价值的百分比）	14.9		
诉讼费（占标的物价值的百分比）	7.2		
强制执行合同费用（占标的物价值的百分比）	8.5		
司法程序质量指数（0~18）	6.0		
办理破产			
2016 与世界领先水平的距离（百分点）：43.76			
回收率（每美元美分数）	17.4	32.5	72.3
时间（年）	4.0	2.7	1.7
成本（占资产价值的百分比）	15.0	21.8	9.0
结果（0为零散销售，1为持续经营）	0	0	1
破产框架力度指数（0~16）	11.0	6.8	12.1
启动程序指数（0~3）	2.5	2.2	2.8
管理债务人资产指数（0~6）	6.0	3.1	5.3
重整程序指数（0~3）	0.5	0.8	1.7
债权人参与指数（0~4）	2.0	1.4	2.2

资料来源：世界银行《2016年全球营商环境报告》。

附录二　其他领事馆信息

驻扎门乌德总领事馆
(Consulate-General of the People's Republic of China in Zamyn-Uud)

地　　　址：蒙古国扎门乌德市第一巴嘎村
电　　　话：00976-95-186938
领保电话：00976-95-187122
电子邮箱：zlg_zmwd@163.com

跋

"丝绸之路经济带"和"21世纪海上丝绸之路"战略构想为沿线国家的经贸往来和文化融合带来千载难逢的机遇。作为中国唯一连续经营百年以上、机构网络遍及海内外40多个国家和地区的大型商业银行,中国银行在国际化经营水平、环球融资能力、跨境人民币业务等方面具有独特优势。随着国家"一带一路"战略梦想一步步走进现实,中国银行正励精图治,努力成为实现这个伟大梦想的金融大动脉。

"国之交在于民相亲,民相亲在于心相交。""一带一路"战略布局涉及区域广阔,业务广泛。它不仅是一条经济交通之路,更是一条民心交融之路,其建设发展在很大程度上取决于文化的影响力和穿透力。《文化中行——"一带一路"国别文化手册》的付梓,恰逢我行整合海内外资源、布局全球一体化协同发展的关键时期。《手册》以研究海外机构特点和服务对象需求为出发点,致力于解决文化冲突、促进文化融合,力求为海外机构提供既符合中国银行价值理念,又符合驻在国实际的文化指引。

《手册》在前期充分调研的基础上,与社会科学文献出版社共同编辑出版。《手册》紧紧围绕业务需求,深耕专业领域,创新工作思路,填补了我行海外文化建设领域的空白。这是中国银行在大踏步国际化背景下,抓紧建设开放包容、具有强大影响力的企业文化的需要,是发挥文化"软实力"、保持集团可持续发展的需要,更是投身国家重大战略部署、担当社会责任的需要。

社科文献出版社是我国社会科学研究领域的权威出版机构,在人文社会科学著作出版方面享有盛誉。在编纂过程中,特别邀请了外交部、商务部专家重点审读相关章节。针对重点领域的工作需要,设置了"特别提示"和"扩展阅读",为"一带一路"发展战略提供了较为丰富的实例和参考。

文化的力量是无穷的。希望《文化中行——"一带一路"国别文化手册》行之弥远、传之弥久,以文化的力量推动"一带一路"金融大动脉建设,为实现"担当社会责任,做最好的银行"的战略目标添砖加瓦。

2015 年 12 月

后　记

《文化中行——"一带一路"国别文化手册》是中国银行在全力服从国家"一带一路"战略，依托百年发展优势，布局全球、协同发展的大背景下编撰的国别类文化手册。由中国银行企业文化部牵头，在办公室、财务管理部、总务部、集中采购中心的大力支持下，在社会科学文献出版社经管分社团队的共同努力下编辑出版。

手册在编辑过程中广泛征求了各海外分支机构的意见，得到了雅加达分行、马来西亚中国银行、马尼拉分行、新加坡分行、曼谷子行、胡志明市分行、万象分行、金边分行、哈萨克中国银行、伊斯坦布尔代表处、巴林代表处、迪拜分行、阿布扎比分行、匈牙利中国银行、卢森堡有限公司波兰分行、俄罗斯中国银行、乌兰巴托代表处、秘鲁代表处、仰光代表处、孟买筹备组、墨西哥筹备组、维也纳分行、摩洛哥筹备组、智利筹备组、毛里求斯筹备组、布拉格分行的大力支持，在此一并表示感谢。

编写组在编纂过程中参考了不同渠道的相关资料，主要包括外交部国家（地区）资料库，商务部"对外投资合作国别（地区）指南2014版"，社会科学文献出版社"列国志"大型数据库，以及中国银行海外分支机构提供的相关资料。

　　本手册系定期更新，欢迎各界提供最鲜活的资料，使手册更具权威性和客观性。

图书在版编目(CIP)数据

蒙古 / 中国银行股份有限公司,社会科学文献出版社编.
—北京:社会科学文献出版社,2016.1
(文化中行:"一带一路"国别文化手册)
ISBN 978-7-5097-8420-4

Ⅰ.①蒙… Ⅱ.①中… ②社… Ⅲ.①蒙古-概况
Ⅳ.①K931.1

中国版本图书馆CIP数据核字(2015)第276651号

文化中行:"一带一路"国别文化手册
蒙古

编　　者 /	中国银行股份有限公司
	社会科学文献出版社

出 版 人 / 谢寿光
项目统筹 / 恽　薇　王婧怡
责任编辑 / 许秀江　王婧怡

出　　版 /	社会科学文献出版社·经济与管理出版分社(010)59367226
	地址:北京市北三环中路甲29号院华龙大厦　邮编:100029
	网址:www.ssap.com.cn
发　　行 /	市场营销中心(010)59367081　59367090
	读者服务中心(010)59367028
印　　装 /	北京盛通印刷股份有限公司
规　　格 /	开　本:889mm×1194mm 1/32
	印　张:4.625　字　数:98千字
版　　次 /	2016年1月第1版　2016年1月第1次印刷
书　　号 /	ISBN 978-7-5097-8420-4
定　　价 /	48.00元

本书如有破损、缺页、装订错误,请与本社读者服务中心联系更换
▲ 版权所有 翻印必究